딱! 맞게 내 마음을 전하는 말하기 마법

이오타 다쓰나리 글
윤지나 옮김

서사원주니어

부모님께

　안녕하세요. 저는 이오타 다쓰나리라고 합니다. 스피치 전문가 및 심리 카운슬러로 활동하면서 책을 집필하거나 TV 등 미디어에 출연하고 있습니다. 주로 어른을 위한 책을 쓰지만, 이 책은 어린이들에게 말의 소중함을 전하기 위해 쓴 책이랍니다.

　많은 부모님들이 자녀의 대화 습관을 걱정하고 계십니다.
- "바보", "야!" 등 거친 말을 쓴다
- 친구나 형제자매와 싸움이 잦다
- 소심해서 하고 싶은 말을 못한다
- 학교에서 자기주장을 잘 못한다

이렇게 '우리 아이, 이대로 괜찮을까?'하고 걱정하는 부모님들이 많습니다.

　하지만 너무 걱정하지 마세요. 아이들은 단지 표현하는 방법을 잘 모르는 것뿐입니다.
　아이들은 '기쁘다', '즐겁다', '슬프다', '분하다' 등의 감정을 어떻게 표현해야 할지, 또 상대가 그 말을 들으면 어떤 기분일지 모릅니다. 그래서 자기도 모르게 공격적인 말을 하거나, 반대로 입을 다물어 버리거나, 또는 짜증을 내는 아이들이 많지요.

이 책에서는 말을 마법에 빗대어 '해야 할 말'과 '하지 말아야 할 말'을 각각 30개씩 소개하고 있습니다. 어떤 기분이 들 때 어떤 말을 사용하면 좋을지, 그 말을 듣는 상대는 어떤 기분을 느끼게 되는지 하나하나 친절하게 설명하고 있답니다.

커뮤니케이션 능력은 살아가는 데 큰 힘이 됩니다.
자신의 기분을 제대로 전달할 수 있게 되면, 원만한 친구 관계를 맺을 수 있는 것은 물론 더 즐거운 학교생활을 할 수 있을 거예요. 나아가 사회생활을 시작할 때도 새롭고 다양한 인간관계를 수월하게 형성해 갈 수 있겠지요.

앞으로 우리 아이들이 살아갈 세상에서는 커뮤니케이션 능력이 점점 더 중요해질 것입니다. 언어와 배경이 다른 사람과 어떻게 협력하고 협동해 나갈 것인지, 자신의 의견을 어떻게 당당하게 표현할 것인지, 상대의 기분을 어떻게 헤아릴 것인지……. 이와 같은 능력을 초등학생 때부터 키워 준다면 분명 아이들에게 큰 선물이 될 것입니다.

사실 자기 감정을 타인에게 잘 전하는 것은 어른들에게도 어려운 일이죠. 이 책을 아이와 함께 읽어 보세요. "맞아, ○○도 이렇게 말하지", "봐, 이런 말을 쓰면 안 되겠지?" 하고 서로 이야기 나누다 보면, 어느새 부모님과 아이 모두의 말하기 능력이 쑥 향상되어 있을 거예요.

차 례

들어가며 ⋯2

말의 마법 학교에 오신 것을
환영합니다! ⋯8

제1장 기본 백마법 7

① 고마워 · 감사해요 ⋯12
② 미안해 · 죄송해요 ⋯16
③ 안녕(하세요) ⋯20
④ ~해 줘(주세요) ⋯24
⑤ 하지 마 ⋯28
⑥ 좋다! · 멋있다! ⋯32
⑦ 같이 ~하자 ⋯36

미안해.

네!!

제2장 고급 백마법 23

① 내 생각에는 ⋯42
② 그렇구나 ⋯46
③ 응! · 네! ⋯50
④ 모르겠어(요) ⋯54

⑤ 괜찮아? ⋯58
⑥ 어떻게 생각해? ⋯62
⑦ ~를 좋아해 ⋯66
⑧ ~해도 돼(요)? ⋯70
⑨ 부탁해(요) ⋯74
⑩ 또 보자 ⋯78
⑪ 잘 먹었습니다 ⋯82
⑫ 있잖아 ⋯86
⑬ 만나서 반가워 ⋯90
⑭ 다녀오겠습니다 ⋯94
⑮ 실례합니다 ⋯98
⑯ 기대돼! ⋯102
⑰ 별거 아니야 ⋯106
⑱ 알았어(요) ⋯110
⑲ 기다려 줘(주세요) ⋯114
⑳ 파이팅! ⋯118
㉑ 축하해(요) ⋯122
㉒ 해 볼게(요) ⋯126
㉓ 기분이 ~해(요) ⋯130

제3장 금단의 흑마법 30

- ❶ 아니 ⋯136
- ❷ 어차피 ⋯138
- ❸ 바보·멍청이 ⋯140
- ❹ 야! ⋯142
- ❺ 안 그러면 ⋯144
- ❻ 다 그래 ⋯146
- ❼ ~때문이야 ⋯148
- ❽ 죽고 싶어 ⋯150
- ❾ 꺼져 ⋯152
- ❿ 난 못해 ⋯154
- ⓫ 싫어 ⋯156
- ⓬ 재수 없어 ⋯158
- ⓭ 짜증 나 ⋯160
- ⓮ 헐·대박 ⋯162
- ⓯ 아무거나 ⋯164
- ⓰ 못생긴 게 ⋯166
- ⓱ ~주제에 ⋯168
- ⓲ 닥쳐 ⋯170
- ⓳ 응응·네네 ⋯172

㉑ 귀찮아 ···174
㉑ 별거 아니네 ···176
㉒ 왜 ○○만 ···178
㉓ 왜 저래 ···180
㉔ 그건 네 생각이지 ···182
㉕ 엥? · 뭐래 ···184
㉖ 너도 ~잖아 ···186
㉗ 응, 아니야 ···188
㉘ 어쩌라고 ···190
㉙ 이럴 줄 알았어 ···192
㉚ 나도 알거든? ···194

특별 보너스 수업

감정 표현 아이템 35 ···196
졸업장 ···206

말의 마법 학교에 오신 것을 환영합니다!

말의 마법 학교에 입학한 걸 환영한다!
나는 이오타 교장이라고 한다. 잘 부탁한다!

어? 여긴 어디지? 말의 마법 학교?
나 말 잘하는데…….

정말 그렇게 생각하니?
친구들과 자주 싸우는 것 같던데.
선생님께 혼나는 일도 많지?

앗, 그걸 어떻게 아시는 거죠?

우리 학교에서만 배울 수 있는
'비밀의 말하기 마법'이 필요한 학생이군!

비밀의 말하기 마법? 그게 뭐예요?

말하기 마법에는 두 가지가 있어.
첫째, 모두 나를 좋아하게 되는 **백마법**!
둘째, 어딜 가도 미움 받게 되는 **흑마법**!
어때, 알고 싶지 않니?

너무 궁금해요! 빨리 알려 주세요~

이 두 가지만 알아 두면 앞으로 걱정할 일은
없단 말씀! 좋아, 수업을 시작해 볼까?

제 1 장

기 본

백마법 7

먼저, **기본 백마법 7개**를 알려 주지!
백마법은 상황을 좋아지게 만드는 마법이야.
이것만 알아 두면 모두와 사이가 좋아지고,
다들 널 도와주려고 할걸?
그 정도로 강력한 힘을 지닌 말들이니까
언제든 쓸 수 있게 꼭! 외워 두도록!

초급 백마법 ①

고마워 · 감사해요

" 신난다! "
" 기뻐! "
라는 생각이 들 때

언제 쓰나요?
- ★ 언제든 누구에게든 쓸 수 있어요
- ★ 다른 사람에게 도움을 받았을 때 써요

어떤 효과가 있나요?
- ★ 상대를 미소 짓게 해요
- ★ 여러분도 미소 짓게 돼요

모두가 미소 짓는 가장 강력한
감사 마법

친구가 도움을 주었거나 나에게 친절하게 대했을 때, 부모님께서 맛있는 음식을 만들어 주셨을 때, 선생님께서 "잘했어"라고 칭찬해 주셨을 때 써 봐요!

==누군가의 말과 행동 덕분에 기쁘고 신나서 기분이 좋아졌다면 "고마워" 또는 "감사해요"라고 말해 보세요.== 상대는 그 말을 듣고 기뻐서 여러분에게 더 잘해 주려고 할 거예요. "고마워", "감사해요"라는 말 한 마디는 모두를 기쁘게 하는 힘을 가지고 있어요. 그래서 이 말을 많이 하면 할수록 더 많은 사람이 행복해지지요.

상대방 덕분에 조금이라도 기분이 좋아졌다면 큰 소리로 감사 마법을 외쳐 상대를 미소 짓게 만들어 보세요! 누구나 들으면 바로 웃게 되는 강력한 마법이랍니다.

영어로는 뭐라고 해요?
Thank you.
고마워.

① 맛있었어요. 감사합니다!

매일 하는 식사처럼 당연하고 평범한 일이어도 "감사합니다"라고 크게 말해 보세요.

---

② 신난다! / 기뻐요!

고마워서 기분이 들뜰 때, 느껴지는 감정을 있는 그대로 전부 표현해 보세요.

---

③ 고마워, 네 덕분이야.

더 강력한 효과를 원할 때는 "네 덕분이야"라는 말을 덧붙여 보세요. 상대의 마음이 정말 행복해질 거예요.

오늘부터 해 보자!

☐ 도움을 받았을 때 "고마워"라고 말하기

☐ 사소한 일에도 "고마워"라고 말하기

☐ "고마워"를 습관처럼 말하기

가는 말이 고와야 오는 말이 곱다 [한국 속담]

다른 사람에게 좋은 말이나 행동을 해야 나에게 좋은 말과 행동이 돌아온다는 뜻이에요. 여러분이 먼저 상대방에게 친절하게 감사의 말을 건네 보세요. 상대도 기분 좋게 되돌려줄 거예요.

초급 백마법 ②

미안해 · 죄송해요

❝실수했다. 어떡하지?❞
❝내가 잘못했어.❞
라는 생각이 들 때

언제 쓰나요?

★ 친구와 싸웠을 때 써요
★ 야단맞았을 때도 써요

어떤 효과가 있나요?

★ 친구의 기분이 풀려요
★ 내 기분도 풀려요

마음이 금세 스르르 풀리는
회복 마법

평소 사이가 좋던 친구랑 싸웠을 때, 나도 모르게 가족에게 심한 말을 해 버렸을 때, 실수를 해서 선생님께 혼났을 때 써 봐요!

'실수했다' 하는 생각이 들어 슬프고 창피한 기분이 들거나 어떻게 해야 할지 모르겠을 때는 "미안해" 또는 "죄송해요"라고 말해 보세요. 사과를 받은 상대는 화나고 슬펐던 마음이 눈 녹듯 풀릴 거예요. 그뿐만이 아니에요. 여러분의 마음속에 있던 죄책감도 싹 사라진답니다.

이렇게 서로 화해하고 마음이 풀어지면 다시 사이가 좋아지고 즐거운 시간을 보낼 수 있어요. 조금이라도 내가 잘못했다는 생각이 들면 곧바로 이 마법을 써서 상황을 바로잡아 보는 거예요!

영어로는 뭐라고 해요?
I'm sorry I'm late.
늦어서 미안해.

회복 마법 쓰는 법!

① 기다리게 해서 미안해.

미안한 이유까지 정확하게 설명해 보세요. 반성하는 마음이 더 잘 전달돼요.

---

② 잘못했어요.

잘못한 게 있어서 학교 선생님이나 주변 어른들께 사과할 때는 이렇게 말해 보세요.

---

③ 앞으로 주의할게요.

'서로 기분이 상하지 않도록 앞으로 신경 쓰겠다'는 마음을 담아 이렇게 말할 수 있다면 이미 이 마법을 마스터한 것이나 다름없어요.

MISSON

오늘부터 해 보자!

- ☐ 내가 잘못했을 때, 상대의 기분이 어떨지 먼저 생각하기

- ☐ 얼버무리지 않고 또박또박 "미안해"라고 말하기

- ☐ 변명하지 않고, 사과 먼저 하기

말 한마디에 천 냥 빚도 갚는다 (한국 속담)

말만 잘하면 어려운 일이나 불가능해 보이는 일도 해결할 수 있다는 뜻이에요. 진심이 담긴 말에는 상황을 완전히 뒤집어 놓을 수도 있는 엄청난 힘이 있어요. 내가 잘못한 것은 반성하고 진심으로 사과하세요. 사과의 말 한 마디가 상대의 마음을 금방 녹일지도 몰라요.

초급  백마법 ③

안녕(하세요)

"얘랑 사이좋게 지내고 싶어."
"처음 보는 사람을 만나는 건 긴장돼."
라는 생각이 들 때

언제 쓰나요?

★ 처음 보는 사람을 만났을 때 써요
★ 말을 걸 때 써요

어떤 효과가 있나요?

★ 상대가 안심해요
★ 서로 긴장을 풀 수 있어요

나도 모르게 긴장이 풀리는
인사 마법

처음 보는 친구를 마주했을 때, 잘 모르는 친척을 만났을 때, 선생님이나 동네 어른과 마주쳤을 때 써 봐요!

==‘얘는 어떤 아이일까?’, ‘무서운 분이면 어떡하지’ 하는 생각이 들어 위축되고 걱정될 때는 "안녕?", "안녕하세요?" 하고 먼저 인사를 건네 보세요.== 사실 눈앞에 있는 상대도 나를 보고 이 사람은 어떤 사람일지, 자신에 대해 어떻게 생각할지를 궁금해하면서 긴장하고 있답니다. 이럴 때 여러분이 먼저 인사를 하면 상대는 '아, 나랑 친해지려고 하는구나!' 하고 안심할 거예요. 긴장이 풀려 표정도 부드러워지고, 여러분에게 잘해 주려고 할 거예요.

'우리 사이좋게 지내자', '그래, 서로 눈치 보지 말고 편하게 대화하자'라는 속마음을 서로 확인하는 신호가 바로 이 인사 마법이랍니다.

영어로는 뭐라고 해요?

Hello!
안녕!

인사 마법 쓰는 법!

① 좋은 아침이에요!

아침에 하루를 시작할 때 특히 효과적인 마법이에요. '오늘도 즐겁게 지내요'라는 마음을 담아서 말해 보세요.

② 안녕, 반가워!

'너를 만나게 되어 기뻐. 사이좋게 지내자'는 마음을 더 잘 전달하고 싶을 때는 "반가워"라는 말을 덧붙이면 좋아요.

③ 안녕하세요!

외식을 하러 갔을 때 식당 사장님께 먼저 인사해 보세요. '멋진 어린이 손님이군!' 하고 음식을 더 맛있게 만들어 주실 거예요.

MISSON

오늘부터 해 보자!

- ☐ 어른께서 먼저 "안녕"이라고 인사하시면 "안녕하세요"라고 답하기

- ☐ 어른들께 내가 먼저 "안녕하세요"라고 인사하기

- ☐ 가게에 들어가면 "안녕하세요"라고 말하기

옷깃만 스쳐도 인연이라 (한국 속담)

지나가다 우연히 옷깃이 스치는 것조차 인연에서 비롯된 일이라는 뜻이에요. 살면서 만나는 사람들과의 인연을 소중히 여겨야 한다는 의미이지요. 먼저 다가가 인사를 건네며 만남에 감사하는 마음을 가져 보면 어떨까요?

초급 백마법 ④
~해 줘(주세요)

"갖고 싶다."
"~해 주면 좋겠는데……."
라는 생각이 들 때

언제 쓰나요?
★ 원하는 게 있을 때 써요
★ 도움이 필요할 때도 써요

어떤 효과가 있나요?
★ 필요한 것을 얻을 수 있어요
★ 상대의 기분도 좋아져요

어떤 소원이든 다 이루어지는
꾸벅 마법

친구에게 지우개를 빌리고 싶을 때나 밥을 먹으려는데 숟가락이 없을 때, 수업 시간에 모르는 내용을 질문하고 싶을 때 써 봐요!

<u>상대에게 무언가를 바랄 때는 "~해 줘", "~해 주세요"라고 말해 보세요.</u> 예를 들면 숟가락이 필요할 때 "엄마, 숟가락!"이라고 하는 게 아니라 "엄마, 숟가락 주세요"라고 정중하게 부탁하는 거예요. 여러분은 필요한 것을 얻을 수 있고, 부탁 받은 사람도 기분이 좋아진답니다.

이렇게 다른 사람에게 도움을 받았을 때는 잊지 말고 꼭 감사 마법을 같이 쓰면 좋아요. "~해 줘", "~해 주세요"와 "고맙습니다"는 같이 사용했을 때 굉장한 효과를 발휘하거든요. 꼭 기억하세요!

영어로는 뭐라고 해요?

Please show me YouTube for another 30 minutes.

유튜브 30분만 더 보게 해 주세요.

꾸벅 마법 쓰는 법!

① ~해 줄 수 있어?

친한 친구니까 당연히 내 말을 들어줄 거라고 생각하면 안 돼요. 누구에게든 정중하게 부탁하도록 해요.

② ~해 주실 수 있나요?

선생님이나 어른들께 더 정중하게 부탁드리고 싶을 때는 이렇게 말해 보세요.

③ ~해 주면 좋겠어.

상대에게 '이런 것을 해 주면 정말 기쁘겠다'는 솔직한 마음을 그대로 전달할 수 있는 마스터 레벨의 마법이랍니다.

MISSON

오늘부터 해 보자!

- ☐ 떼쓰지 않고 예의 바르게 부탁하기

- ☐ 상대가 어른일 때는 "해 줘!"가 아닌 "해 주세요"라고 말하기

- ☐ 상대가 부탁을 들어줬을 때는 "고마워", "고맙습니다"라고 말하기

벼는 익을수록 머리를 숙인다 (한국 속담)

벼가 익을수록 이삭 끝이 밑으로 늘어지듯이 훌륭한 사람은 잘난 척 하지 않고 벼처럼 고개를 숙인 모습으로 겸손하다는 뜻이에요. 내가 제일 잘났다는 식의 거만한 태도를 가진 사람은 발전하기 힘들어요. 나를 낮추고 정중한 말과 행동을 하도록 노력해 보세요.

초급  백마법 ⑤
하지 마

"친구가 심술을 부려서 힘들어."
"친구 때문에 슬퍼."
라는 생각이 들 때

언제 쓰나요?
- ★ 친구가 심술부릴 때 써요
- ★ 친구가 때렸을 때도 써요

어떤 효과가 있나요?
- ★ 내 기분을 알아줘요
- ★ 주변 사람들이 상황을 알 수 있어요

괴로운 상황에서 탈출하는
스톱! 마법

친구가 듣기 싫은 욕을 할 때나 가족들이 내 물건을 마음대로 썼을 때 써 봐요!

<mark>상대 때문에 내가 슬프고 기분이 나빠졌을 때는 "하지 마"라고 단호하게 큰 소리로 말하세요.</mark> 상대는 내가 기분 나빠하고 있다는 사실을 모를 수도 있어요. 이럴 때 분명하게 하지 말라고 말하면 상대가 "미안해"라고 말하며 그만두기도 해요.

만약 혼자 상황을 벗어나기 힘들다면 주변 어른들께 "도와주세요!", "힘들어요!"라고 말해 보세요. 그러면 "무슨 일이니?", "친구한테 그러면 안 되지!" 하고 여러분을 도와주실 거예요.

말하지 않고 꾹 참으면 상대는 같은 행동을 계속할 수도 있어요. 그러면 계속해서 힘든 마음이 들겠지요. 때로는 "그만!"이라고 외칠 수 있는 용기가 필요하답니다.

영어로는 뭐라고 해요?

No! Stop it!
싫어! 하지 마!

1 하지 마!

많이 괴롭거나 상대가 지금 당장 멈추길 바란다면 큰 소리로 "하지 마!"라고 외치세요. 지금 도움이 필요한 상황이라는 것을 주변 사람들이 빠르게 알 수 있어요.

2 ~하니까 그만해.

내가 지금 왜 괴로운지에 대해 설명을 덧붙여 봐요. 상대가 더 잘 이해할 수 있어요.

3 그러지 마.

꼭 내가 아니더라도 친구가 괴롭힘 당해 힘들어할 때 "싫어하잖아, 걔한테 그러지 마"라고 도와주도록 해요.

— MISSON —

오늘부터 해 보자!

- ☐ 참지 말고 "하지 마!"라고 말하기

- ☐ 상대가 행동을 멈추지 않는다면 내가 왜 괴로운지 설명을 덧붙여 말하기

- ☐ 누군가 "하지 마!"라고 말하는 것을 들으면 "무슨 일이야?" 묻고 나서서 도와주기

열 길 물속은 알아도, 한 길 사람 속은 모른다 (한국 속담)

사람의 속마음은 알기 어렵다는 뜻이에요. 내 의견을 제때 말하지 않으면 상대는 계속 모른 채로 지낼 수도 있어요. 내 마음이 괴로울 때는 참지 말고 정확하게 말로 표현해야겠지요?

초급  백마법 ⑥

좋다! · 멋있다!

"대단하다!"
"부럽다!"
라는 생각이 들 때

언제 쓰나요?

★ 멋있는 것을 봤을 때 써요
★ 좋은 아이디어를 들었을 때도 써요

어떤 효과가 있나요?

★ 상대가 기뻐해요
★ 사이가 더 좋아져요

상대가 뛸 듯이 좋아하는
칭찬 마법

친구가 아끼는 물건을 보여 주었을 때나 가족이 새로 산 옷을 입었을 때 써 봐요!

<mark>상대가 가진 물건이 멋있거나, 귀엽거나, 여러분이 들은 이야기가 흥미롭고 재미있다고 느꼈다면 그 마음을 "좋다!", "멋있다!"라는 말로 전해 보세요.</mark> 상대는 칭찬을 받았다는 생각에 매우 기쁠 거예요. 또, 여러분과 더 많이 이야기 나누고 가까워지고 싶다는 생각이 들 거랍니다. 답례로 나에게 칭찬을 되돌려주기도 하고요.

마음속으로 아무리 좋다고 생각해도 입 밖으로 소리 내서 말하지 않으면 상대는 알 수 없답니다. 조금이라도 '좋다'는 생각이 들었다면 바로 "와, 좋다!"라는 마법의 말로 그 마음을 전달해 보자고요.

영어로는 뭐라고 해요?
Wow! That's nice!
와! 멋있다!

칭찬 마법 쓰는 법!

① 대단하다!

상대가 노력해서 좋은 결과를 얻었다면, "대단하다!"라는 말로 아낌없이 칭찬해 주세요.

---

② 잘 됐다!

누군가에게 좋은 일이 생겼을 때는 함께 기뻐해 주세요. 그 사람이 느끼는 기쁜 마음이 두 배, 세 배가 될 거예요.

---

③ 예쁘다!

새로 산 옷을 입고 온 사람에게 "예쁘다!", "멋있다!"라고 칭찬해 주세요. 상대가 '아, 나에게 관심을 갖고 있구나'라고 생각할 수 있도록요.

MISSON

오늘부터 해 보자!

- ☐ 열심히 노력해서 좋은 결과를 얻은 친구에게 "잘했어, 대단하다!"라고 칭찬하기

- ☐ 누군가에게 좋은 일이 생기면 내 일처럼 "잘 됐다"라고 기뻐해 주기

- ☐ 친구가 새로 산 옷을 입고 오면 "잘 어울린다"라고 칭찬하기

속담 마법을 배워 봐요!

웃음과 칭찬은 아낄수록 손해다 (프랑스 속담)

상대를 향해 웃거나 칭찬 한마디를 건네는 건 간단한 일이에요. 하지만 상대에게는 어마어마한 힘과 긍정적인 에너지가 전달돼요. 그리고 그 좋은 기운은 다시 나에게 돌아오지요. 그러니 칭찬은 아끼지 말고 많이 하라는 뜻이랍니다.

초급  백마법 ⑦
같이 ~하자

❝ 와, 신난다! ❞
❝ ○○랑 같이 놀고 싶어. ❞
라는 생각이 들 때

언제 쓰나요?
★ 친구와 함께 놀 때 써요
★ 맛있는 음식을 먹을 때도 써요

어떤 효과가 있나요?
★ 사이가 더 가까워질 수 있어요
★ 친구가 될 수 있어요

100배는 더 재밌게 놀 수 있는
꼬시기 마법

내가 좋아하는 영상을 볼 때나 재미있는 게임을 할 때, 맛있는 음식을 먹을 때 써 봐요!

앞으로는 기쁘거나 신나는 일을 할 때 주변에 친구가 있으면 "같이 ~하자"라고 말해 보세요. 좋아하는 사람과 함께 즐거운 일을 하면 혼자일 때보다 10배는 더 신이 나거든요. 게다가 내가 느끼는 기분은 상대에게도 전해져서 상대도 같이 즐거워져요. 그러니 같이 무언가를 하다 보면 사이가 100배는 더 가까워질 수도 있지요.

무언가 같이 하자는 말을 먼저 건네면, 상대는 '나랑 노는 게 좋은가 보다!' 하고 기뻐서 다음 번에도 같이 놀자고 말할 거예요. 이 마법은 쓰면 쓸수록 상대와의 사이가 가까워진답니다. 어쩌면 단짝이 될지도 몰라요!

영어로는 뭐라고 해요?
Let's play together!
같이 놀자!

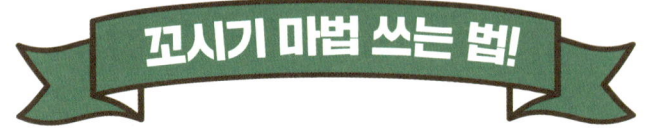

1 ○○야, 같이 놀래?

같이 놀고 싶은 친구에게 먼저 다가가 이름을 부르며 말을 걸어 보세요. 그 친구와 친해지고 싶다는 마음이 잘 전달될 거예요.

2 우리 다 같이 놀자.

여러 명의 친구에게 같이 놀자고 말해 보세요. 여럿이 노는 건 또 다른 재미가 있답니다.

3 나랑 같이 ~에 가 줄래?

어떤 곳에 혼자 가기 무섭거나 누군가와 함께 가고 싶다면 친구에게 도움을 요청해 보세요. 평소 함께 잘 지냈던 친구라면 여러분을 도와줄 거예요.

MISSON

오늘부터 해 보자!

- ☐ 항상 혼자서 하던 일을 친구나 가족에게 "같이 하자"라고 말하기

- ☐ 항상 혼자서 하던 일을 더 많은 친구와 함께 하기

- ☐ 친구가 같이 하자고 제안하면 "고마워"라고 대답하기

죽마고우 竹馬故友

어릴 때부터 같은 장난감을 가지고 놀 정도로 사이가 좋은 친구 사이를 뜻해요. 놀이든 공부든 같이 무언가를 한 시간이 많이 쌓이면 그 사람과는 평생 친구가 될 수도 있답니다.

제 2 장

고 급

백마법 23

7가지 기본 백마법, 모두 마스터했겠지?
이번에는 **고급 백마법 23가지**다!
고급 마법인만큼 조금 더 어려울 수 있어.
하지만 수업을 잘 따라오면
내 의견을 당당하게 말하면서 친구 사이도 좋아지고,
심지어 어른들과도 대화를 잘할 수 있게 되지!
그럼 어서 시작해 볼까?

고급  백마법 ①
내 생각에는

❝내 생각을 전하고 싶어.❞
❝내 기분을 이해해 주면 좋겠어.❞
라는 생각이 들 때

언제 쓰나요?
★ 대화할 때 써요
★ 무엇인가를 결정할 때도 써요

어떤 효과가 있나요?
★ 상대가 여러분의 생각을 이해해 줘요
★ 서로 감정 상하는 일이 생기지 않아요

서로 감정 상하지 않는
의견 제시 마법

새로운 게임을 하면서 놀고 싶을 때나 학교 끝나고 친구와 함께 내가 좋아하는 음식을 먹고 싶을 때, 친구들의 의견에 찬성할 수 없을 때 써 봐요!

'~하고 싶다', '~하고 싶지 않다'는 의견을 분명하게 전하고 싶을 때가 있어요. 이럴 때 "내 생각에는", "나는 ~라고 생각해"와 같은 표현을 사용해 보세요. "절대 아니거든", "무조건 내가 맞아"라고 말하며 내 의견만 고집한다면 상대는 "왜 저러지?" 하고 화가 나게 돼요. 서로 기분이 상해서 싸우게 될 수 있지요.

하지만 이건 어디까지나 나의 개인적인 생각이라는 점을 잘 전달하면 상대도 "그렇구나", "그래, 너는 그렇게 생각하는구나" 하고 좀 더 마음을 열고 여러분을 이해할 수 있답니다. 자신의 의견도 강요하지 않을 거고요.

영어로는 뭐라고 해요?
I think this is the right way.
내 생각에는 이쪽 길이 맞아.

의견 제시 마법 쓰는 법!

① 응, 너는 그렇게 생각하는구나.

상대의 의견에 '그건 아닌데'라는 생각이 들어도 먼저 이렇게 말해 주세요.

② 내 생각은 조금 달라.

상대와 다르게 생각한다면 침착하게 "내 생각은 조금 달라"라고 말하며 이야기를 시작해 보세요.

③ 나는 ~라고 생각하는데, 너는?

말끝에 "너는?"을 붙이면 '네 생각이 궁금해'라는 마음이 전해져요. 그리고 상대는 자기 의견이 존중 받는다는 느낌이 들 거예요.

MISSON

오늘부터 해 보자!

- ☐ "내 생각에는"이라는 말로 시작하기

- ☐ "그렇구나, 그렇게 생각하는구나"라고 말하며 내 생각과 다른 의견 존중하기

- ☐ "내 생각은 달라", "나는 그렇게 생각하지 않아" 라고 말할 용기 갖기

촌철살인 寸鐵殺人

작은 쇠붙이로도 사람을 해칠 수 있듯, 말 한마디로 남에게 큰 감동을 줄 수도, 마음에 상처를 줄 수도 있다는 뜻이에요. "내 생각에는"이라고 말을 시작하는 것과 무작정 내 의견을 주장하는 것은 듣는 사람에게 전혀 다르게 전달돼요. 상대를 존중하며 조심스럽게 생각을 전해 보세요.

고급  백마법 ②
그렁구나

"동의하고 싶어."
"공감해."
라는 생각이 들 때

언제 쓰나요?
★ 상대 의견과 같은 생각일 때 써요
★ 상대가 내 생각을 물었을 때도 써요

어떤 효과가 있나요?
★ 상대가 안심해요
★ 즐겁게 대화할 수 있어요

대화가 편안해지는
맞장구 마법

친구가 "이 게임 되게 재밌다"라고 말하거나 좋아하는 아이돌 그룹에 대해 설명할 때, 가족이 "이거 맛있다"라며 웃을 때 써 봐요!

'맞아', '나도 그런데'라는 생각이 들었다면 "그렇구나", "나도 그렇게 생각해"라는 말로 마음을 전해 보세요. 상대는 '아, 나랑 같은 마음이구나' 하고 안심이 돼서 대화를 편하게 이어 갈 수 있어요.

여러분이 아무 말도 하지 않고 잠자코 있으면 상대는 '내 말을 이해했나?' 하고 불안해져요. 공감한다면 맞장구 마법을 써서 나도 상대의 말에 동의한다는 뜻을 전해 주세요. 이렇게 서로의 기분이나 생각을 터놓고 이야기하다 보면 점점 더 편하게 대화할 수 있답니다.

영어로는 뭐라고 해요?
Me, too!
나도 그래!

① 그 기분 뭔지 알아.

상대가 자기 감정을 표현했을 때 공감이 된다면 이렇게 말해 보세요. 상대가 신나게 이야기를 이어 갈 거예요.

---

② 나도 그래.

상대의 이야기에 완전히 동의하고 공감한다는 뜻을 나타내고 싶을 때는 이렇게도 말해 보세요.

---

③ 잘 모르겠어.

반대로 '잘 모르겠는데…'라는 생각이 들면 솔직하게 말하는 게 좋아요. 그럼 상대는 나를 배려해서 다시 설명해 줄 거예요.

MISSON

오늘부터 해 보자!

- ☐ "그렇구나"라고 맞장구치기

- ☐ "나도 그렇게 생각해"라고 상대 의견에 동의하기

- ☐ "맞아, 나도 그 기분 알아"라고 공감하기

사자성어 마법을 배워 봐요!

이심전심 以心傳心

'텔레파시가 통한다'와 유사한 의미예요. 마음과 마음이 잘 통하는 모습을 나타낸 말이랍니다. 대화하며 공감이 될 때 맞장구를 치면, 생각이 서로 통하고 있다는 게 상대에게 제대로 전해져서 말하는 사람과 듣는 사람 모두가 기쁠 거예요.

고급 백마법 ③
응! · 네!

이해했다고 알려주고 싶어.
상대의 말에 동의하고 싶어.
라는 생각이 들 때

언제 쓰나요?
- ★ 상대가 나를 불렀을 때 써요
- ★ 제안을 받아들일 때도 써요

어떤 효과가 있나요?
- ★ 의욕이 생겨요
- ★ 서로 기분이 밝아져요

분위기가 확 밝아지는
끄덕 마법

친구가 "같이 축구하자!"라고 제안했을 때나 가족이 "저녁 먹어"라고 말했을 때, 선생님께서 "모두 수업에 집중!"이라고 주의를 주셨을 때 써 봐요!

==상대가 무언가를 설명하거나 제안할 때, 이해가 되었거나 제안에 따르겠다는 생각이 들었다면 씩씩하게 "응!" 또는 "네!"라고 대답해 보세요.== 여러분이 대화에 집중하고 있고, 대화 내용에 동의한다는 것이 상대에게 전해질 거예요. 상대도 자신의 말이 잘 전달됐다는 생각이 들면 안심할 수 있고요.

그렇게 되면 밝은 분위기 속에서 모두 집중하기 쉬워져요. 다 같이 열심히 해 보자는 의욕이 마구 샘솟게 되지요. 대답 마법은 참 간단하지만 이렇게 멋진 효과를 낸답니다.

영어로는 뭐라고 해요?
Yes! Got it!
네! 알겠어요!

끄덕 마법 쓰는 법!

① (손을 번쩍 들며) 네!

특히 누군가가 내 이름을 불렀을 때, 손을 번쩍 들면 마법의 효과가 더 커져요.

② 네… 죄송해요.

"네" 뒤에 "죄송해요"라는 말을 덧붙여 말하면 반성하는 마음이 더 잘 전달돼요.

③ 네! 발표 시작하겠습니다!

여러 사람 앞에서 말을 할 때 "네!" 하고 힘차게 시작해 보세요. 사람들의 주의를 이끌어 내는 효과가 있어요.

MISSON

오늘부터 해 보자!

- ☐ 힘차게 "네!"라고 대답하기
- ☐ "네! 알겠습니다!"라고 말해 보기
- ☐ 귀찮다는 듯이 "네네" 하고 반복하지 않기

손바닥도 마주쳐야 소리가 난다 (한국 속담)

손바닥이 하나만 있다면 어떨까요? 손뼉을 치고 싶어도 소리를 낼 수 없겠죠. 마찬가지로 대화도 한 사람만 일방적으로 말하면 매끄럽게 흘러가지 않아요. 상대의 말에 밝게 대답하는 습관을 들인다면 상대도 기쁜 마음으로 대화를 이어갈 거예요.

고급  백마법 ④

모르겠어(요)

❝무슨 말인지 모르겠어.❞
❝질문하고 싶어.❞
라는 생각이 들 때

언제 쓰나요?

★ 공부하다가 모르는 게 있을 때 써요
★ 도움이 필요할 때도 써요

어떤 효과가 있나요?

★ 내가 이해하지 못했다는 것을 상대가 알게 돼요
★ 상대가 알기 쉽게 가르쳐 줘요

모두가 속 시원해지는
솔직 마법

친구가 "이 게임 어떻게 하는지 알아?"라고 물을 때나 부모님께 "지금 왜 혼나는지 알지?" 하고 야단맞을 때, 선생님께서 "이 문제 이해했니?"라고 물어보실 때 써 봐요!

<mark>상대가 무슨 말을 하는지 이해가 안 될 때는 솔직하게 "모르겠어" 또는 "모르겠어요"라고 말해 보세요.</mark> 그럼 상대는 이해하기 쉽게 설명해 주려고 할 거예요. 모른다고 말하는 게 창피해서 안다고 거짓말을 하고 싶을 때도 있어요(이런 걸 '아는 척 한다'고 하죠). 하지만 용기 내서 솔직하게 모르겠다고 말해 보세요. 그러면 상대가 다시 한번 친절하게 알려줄 거예요.

이렇게 솔직하게 말하고 나면 내 마음도 안심되고 편안해져요. 상대도 나도 속 시원해지는 마법, 바로 솔직 마법이랍니다.

영어로는 뭐라고 해요?
I don't know
모르겠어요.

① 길을 모르겠어요.

길을 잃었거나 길이 헷갈릴 때는 주변 사람들에게 이렇게 도움을 요청해 보세요. 속으로만 생각하고 있으면 아무도 여러분을 도와줄 수 없어요.

---

② 잘 모르겠어요. 가르쳐 주세요.

궁금한 것, 더 알고 싶은 것이 있을 때는 "가르쳐 주세요"라고 부탁해 보세요.

---

③ 무슨 말인지 알지? → 아니, 모르겠어.

상대는 여러분이 당연히 알고 있다고 생각하고 말했는데 나는 모르는 내용일 수 있어요. 이럴 때는 분명하게 모른다고 말하세요.

MISSON

오늘부터 해 보자!

- ☐ 모르는데 안다고 거짓말하지 않기

- ☐ "모르겠어요"라고 솔직하게 말하기

- ☐ "가르쳐 주세요"라고 솔직하게 부탁하기

불치하문 不恥下問

상대가 아랫사람일지라도 모르는 것을 묻는 일을 부끄러워하지 않는다는 뜻의 사자성어예요. 무언가를 모르는 것이 부끄러운 일은 아니에요. 물어볼 때 잠깐은 부끄러울 수 있지만, 부끄러움보다 묻지 않고 모르는 채 지나가면 나중에 더 부끄러운 일이 생길 수도 있답니다.

고급  백마법 ⑤

괜찮아?

"친구가 걱정돼."
"무슨 생각을 하는지 알고 싶어."
라는 생각이 들 때

언제 쓰나요?
★ 상대가 평소와 다르다고 느꼈을 때 써요
★ 상대가 도움이 필요해 보일 때도 써요

어떤 효과가 있나요?
★ 상대가 기뻐해요
★ 상대에게 위로가 될 거예요

상대를 위기에서 구해 내는
걱정 마법

친구가 눈앞에서 넘어졌을 때, 가족이 어딘가 아파 보일 때, 상대의 표정이 슬퍼 보일 때 써 봐요!

'무슨 일이지?', '괜찮은 건가?' 하고 걱정이 될 때는 "괜찮아?"라고 말을 걸어 보세요. 상대는 '내 걱정을 해 주네' 하는 생각에 위로를 받을 거예요. 이때, 상대가 "괜찮아"라고 대답할 수도 있고, "사실 나 ~때문에 힘든데, 도와줄 수 있어?"라고 도움을 요청할 수도 있어요.

'어차피 내가 할 수 있는 건 없어' 하고 모르는 척하면 상대는 점점 더 힘들어지고, 여러분의 걱정도 커질 거예요. 괜찮은지 물어보기만 해도 상대는 위로를 받고 여러분은 걱정을 덜 수 있어요. 걱정 마법은 말 한마디로 상대를 위기에서 구해 내는 힘을 가지고 있답니다.

영어로는 뭐라고 해요?

Are you OK?
괜찮아?

걱정 마법 쓰는 법!

① 괜찮아? 많이 아파?

상대가 아플 때 이렇게 물어봐 주세요. 내가 상처나 병을 직접 치료해 줄 수는 없지만, 걱정해 주는 것만으로도 상대의 기분은 많이 좋아질 거예요.

② 내가 도와줄 거 있어?

'도와주고 싶다'는 마음을 전하기만 해도 상대는 훨씬 기운이 날 거예요.

③ 도와줄까?

도움이 필요해 보이는 상대에게 먼저 "도와줄까?"라고 말해 보세요. 도움이 필요하다고 하면 기쁜 마음으로 도와주면 돼요.

오늘부터 해 보자!

☐ 평소에 주변 사람들에게 관심 가지기

☐ 상대가 애써 힘든 걸 감추는 것 같을 때 먼저 힘든 점 알아주기

☐ "괜찮아?"라고 용기 내서 말 걸기

만든 떡보다 주는 마음 (일본 속담)

떡을 받는 것도 기쁘지만 '떡을 줘야지'라고 생각한 상대의 마음이 더 기쁘고 고맙다는 뜻이에요. 눈에 보이는 물건보다 그 안에 담긴 마음이 더 소중할 때가 있답니다. 주변 사람이 힘들거나 아파 보인다면 먼저 괜찮은지 물어보세요. 말 한마디에 담긴 따뜻한 마음에 상대는 금방 괜찮아질지도 몰라요!

고급  백마법 ⑥

어떻게 생각해?

"어떻게 해야 할지 모르겠어."
"다른 사람의 의견을 듣고 싶어."
라는 생각이 들 때

> 초콜릿? 감자칩? 뭘 사지…? 어떻게 생각해?

> 둘 다 사!!

언제 쓰나요?
★ 상의하고 싶을 때 써요
★ 혼자 결정하기 힘들 때도 써요

어떤 효과가 있나요?
★ 조언을 구할 수 있어요
★ 고민이 풀릴 수도 있어요

조언을 얻으면 고민이 사라지는
의견 묻기 마법

어떤 과자를 사야 할지 고민될 때나 여름방학 때 놀러 가고 싶은 곳을 정하기 힘들 때, 문제 푸는 방법이 떠올랐지만 맞는지 불안할 때 써 봐요!

혼자서 결정하기 힘들거나 주저하게 될 때는 상대에게 "어떻게 생각해?"라고 물어보세요. 그러면 "괜찮은데?", "이게 더 낫지 않아?" 등, 자신의 의견을 말해 줄 거예요. 그러면 '그래, 이렇게 해야지' 하고 마음을 정하기 한결 쉬워져요. 좀 더 자신감을 갖고 결정할 수 있게 되지요.

상대의 조언을 따르지 않아도 괜찮아요. 하지만 상대방 입장에서는 '기껏 말해 줬더니…' 하고 서운함을 느낄 수 있으니, 꼭 상대의 생각을 들려준 것에 대해 "고마워"라고 감사 인사를 하도록 해요.

영어로는 뭐라고 해요?

What do you think?
어떻게 생각해?

의견 묻기 마법 쓰는 법!

① 내 생각은 ~인데, 어떻게 생각해?

먼저 내 생각을 분명하게 말하면 상대는 조언하기 더 쉬워져요.

---

② 이건 ~하고 저건 ~한데 어떤 게 좋을까?

둘 중 하나를 선택하기 어려울 때 먼저 상대에게 고르려는 대상을 알기 쉽게 설명해 주세요. 그러면 상대의 머릿속이 깔끔하게 정리되어 더 쉽게 조언해 줄 수 있어요.

---

③ 어떡하지?

어떻게 해야 할지 모를 때는 그냥 "어떡하지?"라는 말로 상의해도 좋아요. 혼자 무리해서 결정하는 것보다 훨씬 낫답니다.

MISSON

오늘부터 해 보자!

☐ 다른 사람에게 조언을 구하기 전에
　스스로 먼저 생각하기

☐ 그래도 결정하기 어려울 때는
　"어떻게 생각해?"라고 조언 구하기

☐ 상대가 의견을 말해 주면 고맙다고 말하기

백지장도 맞들면 낫다 (한국 속담)

원래 쉬운 일일지라도 여럿이 힘을 합치면 더더욱 쉬워진다는 뜻이에요. 대단한 일이 아니라고 생각해서 '이런 것도 도움을 요청해도 되나?' 하고 망설일 때가 있어요. 하지만 어려운 일이 있으면 혼자 끌어안지 말고 주변 사람에게 이야기해 보세요. 생각보다 금방 해결될 수도 있어요!

고급  백마법 ⑦
~를 좋아해

❝ 나에 대해 더 알려 주고 싶어. ❞
❝ 사이좋게 지내고 싶어. ❞
라는 생각이 들 때

나는 감자칩, 초콜릿, 책 읽기, 이불을 좋아해~!

언제 쓰나요?
★ 어색한 사람과 이야기할 때 써요
★ 이야기가 중간에 끊길 때도 써요

어떤 효과가 있나요?
★ 대화가 잘 통하게 돼요
★ 서로 공통점을 찾을 수 있어요

마음의 거리가 단숨에 가까워지는
자기소개 마법

학교에서 처음 보는 친구와 대화를 해야 할 때, 같은 동네에 사는 학원 친구와 사이가 가까워졌을 때 써 봐요!

상대에 대해 알고 싶을 때, 상대에게 나에 대해 알려 주고 싶을 때, 상대와 더 친해지고 싶을 때는 "나는 ~를 좋아해" 하고 먼저 내가 좋아하는 것을 이야기해 보세요. 내가 좋아하는 음식, 게임, 동영상, 스포츠 등에 대해 자세히 말하면 상대가 여러분을 이해하는 데 도움이 될 거예요.

뿐만 아니라, 내가 좋아하는 것을 공유하면 '너랑 친해지고 싶어'라는 마음도 전해져요. 아마 상대도 기뻐하면서 "나도 그거 좋아해", "나는 ~를 좋아해" 하고 이야기할 거예요. 서로 좋아하는 것을 말하다 보면 서로를 더 잘 이해하게 되고, 그러면 사이가 단숨에 가까워질 수도 있답니다!

영어로는 뭐라고 해요?
I like potato chips very much!
나는 감자칩을 진짜 좋아해!

자기소개 마법 쓰는 법!

① 너는 뭘 좋아해?

여러분이 좋아하는 것을 말하고 나면 상대의 이야기도 들어 보세요. 내 이야기를 하는 것만큼 듣는 것도 정말 중요해요.

② 말해 줘서 고마워.

상대가 좋아하는 것에 대해 말해 주면 고맙다는 표현을 꼭 해 주세요. 자기 이야기를 하는 것을 어려워하는 사람도 있거든요.

③ 어제는 ~를 먹었어.

좋아하는 것이 잘 떠오르지 않을 때는, 최근에 먹은 음식이나 읽은 책 등에 대해 이야기를 꺼내세요. 대화를 이어가기 쉬울 거예요.

MISSON

오늘부터 해 보자!

- ☐ 내가 좋아하는 것에 대해 이야기하기

- ☐ 상대가 좋아하는 것을 묻고 귀 기울여 듣기

- ☐ 상대가 좋아하는 것에 대해 말해 주면 꼭 고맙다고 말하기

사자성어 마법을 배워 봐요!

십인십색 十人十色

열 사람의 열 가지 색이라는 뜻이에요. 사람마다 생각이나 의견, 취향이 다른 것이 자연스럽다는 의미랍니다. 그러니 상대가 좋아하는 것이 내가 좋아하는 것과 다르다고 해서 이상하다고 말하는 일은 없어야겠지요?

고급  백마법 ⑧

~해도 돼(요)?

"허락해 주면 좋겠다."
"이렇게 해도 되는 건가?"
라는 생각이 들 때

언제 쓰나요?
★ 학교에서 선생님께 질문할 때 써요
★ 놀러 가고 싶을 때도 써요

어떤 효과가 있나요?
★ 해도 되는 일인지 알 수 있어요
★ 나중에 혼나지 않아요

자신 있게 행동할 수 있는
규칙 체크 마법

친구 집에 놀러 가고 싶을 때나 테이블 위에 있는 간식을 먹고 싶을 때, 수업 시간에 화장실에 가고 싶을 때 써 봐요! ==하고 싶은 일이 있는데 해도 되는지 모를 때는 "해도 돼?" 또는 "~해도 돼요?"라고 물어보세요.== 상대가 "그래" 하고 허락해 줄 수도 있고, "미안, 그건 안 돼"라고 말한 뒤 안 되는 이유를 말해 줄 수도 있어요.

세상에는 눈에 보이지 않는 규칙이 많아요. 이렇게 미리 확인을 하면 '혼나면 어떡하지?' 하고 움츠러들 필요 없이 자신 있게 행동할 수 있어요. 잘 모르는 상태로 마음대로 행동했다가 나중에 혼이 나면 많이 슬프겠죠? 해도 되는 행동인지 미리미리 체크하는 습관을 길러 보세요.

영어로는 뭐라고 해요?
Can I open the window?
창문 열어도 돼요?

규칙 체크 마법 쓰는 법!

① 너희 집에 놀러 가도 돼?

친구 집에 놀러 가고 싶을 때는 먼저 친구에게 허락을 구하세요. 친구 집은 가족과 함께 사는 곳이기 때문에 꼭 허락을 받아야 해요.

② 화장실 써도 돼요?

가게에 갔는데 화장실에 가고 싶을 때는 사장님이나 직원에게 물어보세요. 친절하게 알려 주실 거예요.

③ 나 ~하고 싶은데 괜찮아?

내가 하고 싶은 것을 먼저 말하고 나서 "괜찮아?"라고 덧붙이면 허락을 구하는 마음이 상대에게 더 잘 전해져요.

MISSON

오늘부터 해 보자!

- ☐ 다른 사람 눈치 살피며 움츠러들지 않기

- ☐ 미리 확인하는 버릇 들이기

- ☐ 마음대로 행동하기 전에 "나 ~하고 싶은데 괜찮아?"라고 물어보기

속담 마법을 배워 봐요!

돌다리도 두들겨 보고 건너라 (한국 속담)

내가 잘 안다고 생각하는 일이라도 주의 깊게 확인한 후 행동하라는 뜻이에요. 나중에 일이 잘못된 후에 "그때 좀 더 자세히 확인해 볼걸!" 하고 후회하지 말고, 미리미리 한 번 더 체크하는 습관을 들이는 게 좋아요.

고급  백마법 ⑨

부탁해(요)

❝꼭 이 부탁을 들어줬으면 좋겠다.❞
❝정중하게 부탁하고 싶어.❞
라는 생각이 들 때

언제 쓰나요?
★ 무언가를 요구할 때 써요
★ 어른들께 부탁드릴 때도 써요

어떤 효과가 있나요?
★ 허락을 받을 수 있어요
★ 진심이 전해져요

정중하게 고개 숙이며 하는
부탁 마법

    게임을 10분만 더 하고 싶을 때나 꼭 갖고 싶은 것이 있을 때, 친구에게 숙제를 도와달라고 할 때 써 봐요! <mark>상대가 꼭 해 주었으면 하는 일이 있거나 진심으로 부탁하고 싶을 때는 "부탁해", "부탁해요"라는 말을 써 보세요.</mark> 예의 있게 부탁하는 마음이 전해져서, 상대도 긍정적으로 생각해 줄 거예요. 물론 거절할 수도 있어요. 하지만 대신 "이건 어때?" 하고 다른 방법을 제안해 줄 수도 있지요.

    특히 선생님, 부모님 등 어른들께 부탁드릴 때는 이 마법이 효과적이에요. 어른들은 어린이의 부탁을 최대한 들어주려고 하시거든요. 어른들께 부탁드릴 때는 "부탁드려요"라고 공손하게 말하도록 해요.

I'll have this, please.
이 메뉴로 부탁드려요.

부탁 마법 쓰는 법!

① 부탁드려요.

어른들께 더 정중하게 부탁하고 싶은 마음을 전할 때는 이렇게 말해 보세요.

---

② 잘 부탁드려요.

진심으로 바라는 것이 있거나 일을 도와달라고 부탁할 때는 이렇게 말해 보세요.

---

③ 부탁드려도 될까요?

부탁하고 싶은 상대가 바빠 보이거나 지금 부탁해도 되는지 헷갈릴 때는 "부탁드려도 될까요?"라고 말하는 방법도 있어요.

MISSON

오늘부터 해 보자!

☐ 부탁할 때는 정중한 태도로 하기

☐ 부탁을 당연히 들어줄 거라고 생각하지 않기

☐ "내 평생 소원이야!"라고 쉽게 말하지 않기

아 다르고 어 다르다 (한국 속담)

같은 내용이라도 어떻게 표현하느냐에 따라 듣는 사람의 기분이 달라진다는 뜻이에요. 부탁을 할 때는 간절한 마음이 잘 전해지도록 정중한 자세로 말하는 것이 중요하겠지요?

고급  백마법 ⑩

또 보자

❝오늘 정말 재미있었어.❞
❝또 만나고 싶다.❞
라는 생각이 들 때

언제 쓰나요?
★ 친구와 헤어질 때 써요
★ 다음에 또 보고 싶은 사람에게 써요

어떤 효과가 있나요?
★ 즐거웠던 마음이 전해져요
★ 기쁜 마음으로 다음 약속을 잡을 수 있어요

곧 다시 만나게 되는
재회 마법

친구와 즐거운 하루를 보내고 헤어질 때나 학년이 바뀌어 단짝 친구를 자주 못 보게 될지도 모를 때 써 봐요!

'재미있었어', '이제 못 만나니까 서운해'라는 감정이 마음속에 싹텄다면 "또 보자", "또 만나"라고 말해 보세요. 상대는 '나를 또 만나고 싶어 하는구나', '나와 보낸 시간이 즐거웠구나!' 하고 기뻐할 거예요.

내가 좋아하는 사람과 계속해서 가까이 지낼 수 있다는 보장은 없어요. 언제 어떤 일이 생겨 멀어질지 알 수 없거든요. 그러니 함께 시간을 보낼 수 있을 때 "또 만나자!", "또 같이 놀자", "약속해"와 같은 말로 다시 만나자는 약속을 해 보세요. 그렇게 즐거웠던 시간과 추억을 차곡차곡 쌓아 가는 거예요.

영어로는 뭐라고 해요?
See you tomorrow!
내일 또 보자!

재회 마법 쓰는 법!

① 내일 또 봐!

같은 반 친구와 즐거운 하루를 보냈다면 헤어질 때 "내일 또 봐!"라고 말해 보세요. 오늘의 즐거움이 내일까지 이어지는 마법이 일어나요.

② 오늘 즐거웠어. 또 오자!

가족들과 놀러간 곳에서 재미있는 하루를 보냈다면 이렇게 말해 보세요. 가족들 모두 기분 좋게 하루를 마무리하게 될 거예요.

③ 맛있었어요. 또 올게요!

식당에 가서 음식을 맛있게 먹고 나올 때 사장님께 이렇게 말해 보세요. 무척 기뻐하실 거예요.

오늘부터 해 보자!

- ☐ 오늘 느낀 즐거움을 당연하게 생각하지 않기

- ☐ 작별 인사를 할 때 "즐거웠어", "재밌었어"와 같이 오늘 느꼈던 감정을 덧붙여서 말하기

- ☐ 헤어질 때 다시 만나고 싶은 마음을 담아 진심으로 인사하기

회자정리 會者定離

만나는 사람은 언젠가 반드시 헤어진다는 뜻이에요. 이별은 항상 아쉽지만, 만남이 있으면 헤어짐도 있는 법! 서운해도 꾹 참고 다시 만나고 싶다는 마음을 담아 웃는 얼굴로 인사해 보세요. 아름다운 작별이 될 거예요.

고급  백마법 ⑪

잘 먹었습니다

❝ 밥이 맛있었어. ❞
❝ 또 먹고 싶다. ❞
라는 생각이 들 때

언제 쓰나요?
★ 밥을 다 먹었을 때 써요
★ 식당을 나올 때도 써요

어떤 효과가 있나요?
★ 모두 기분이 좋아져요
★ 음식을 만든 사람이 뿌듯함을 느껴요

음식이 더 맛있어지는
배 빵빵 마법

학교 급식에 맛있는 메뉴가 나왔을 때나 가족이 만들어 준 음식을 먹고 행복해졌을 때, 고깃집에서 먹은 고기가 맛있어서 신이 났을 때 써 봐요!

<mark>밥을 먹고 '정말 맛있었어', '기분 좋아'라는 생각이 들었다면 "잘 먹었습니다"라는 말로 마음을 전해 보세요.</mark> 상대는 '뿌듯해!', '만들어 주기를 잘했어!' 하고 기뻐할 거예요. '또 열심히 만들어야지', '다음에는 뭘 만들지?' 하고 의욕도 생기고요.

급식이나 도시락, 식사를 만들어 준 가족과 식당 사장님, 쌀과 채소를 맛있게 키워 준 농부들께 항상 감사한 마음을 가지세요. 그리고 그 마음을 "잘 먹었습니다"라는 마법의 말에 실어 보내세요.

영어로는 뭐라고 해요?
Thank you for the meal.
Very delicious.
잘 먹었습니다. 정말 맛있었어요.

1 잘 먹었습니다!

밥을 다 먹고 나면 꼭 "잘 먹었습니다!"라고 말하는 것이 기본적인 예의예요.

2 맛있었어요.

맛있었다면 직접 말로 표현하기로 해요. 그렇지 않으면 상대는 '맛이 없었나?' 하고 걱정할 수도 있거든요.

3 감사합니다!

밥은 매일 먹기 때문에 고마움을 잊기 쉬워요. 다른 사람을 위해 음식을 만드는 것은 쉬운 일이 아니니, 항상 음식을 만들어 주신 분께 감사해야 해요.

오늘부터 해 보자!

- ☐ 매일 밥을 먹을 수 있다는 것에 감사하기

- ☐ 자리에 바르게 앉아서 먹기

- ☐ 밥을 먹고 난 후에는 꼭 감사 인사하기

밥이 약보다 낫다 (한국 속담)

병에는 약이 좋지만, 병에 걸리지 않는 튼튼한 몸을 만들어 주는 것은 매일 꼬박꼬박 먹는 밥이라는 뜻이에요. 건강을 위해서는 기본적으로 밥을 잘 먹는 것이 중요하답니다. 이렇게 중요한 식사를 챙겨 주시는 분들께 항상 감사하는 마음을 갖도록 해요.

고급  백마법 ⑫

있잖아

"내 이야기 좀 들어 줘."
"내 이야기에 집중해 줘."
라는 생각이 들 때

언제 쓰나요?
★ 가족이나 친구에게 말을 걸 때 써요
★ 궁금한 게 있을 때도 써요

어떤 효과가 있나요?
★ 상대가 들을 준비를 할 수 있어요
★ 상대가 귀 기울여 들어 줘요

즐겁게 대화를 시작할 수 있는
말 걸기 마법

어제 본 영상에 대해 친구와 이야기를 나누고 싶을 때나 가족들에게 보여 주고 싶은 것이 있을 때, 궁금해서 질문하고 싶을 때 써 봐요!

<mark>상대가 들어 줬으면 하는 이야기가 있을 때는 "있잖아"라는 말로 시작해 봐요</mark>. 그럼 상대는 "무슨 일이야?", "무슨 일 있었어?"라고 물어볼 거예요. 여러분은 '이 사람이 내 이야기에 관심이 있구나'라는 생각이 들어 안심하고 말을 시작할 수 있을 거고요.

"아니~" 하고 갑자기 이야기를 시작하거나 "야! 내 말 안 들려?" 하고 짜증내면서 말을 걸면 상대도 기분 좋게 대화하기 어려워요. 부드러운 태도로 말 걸기 마법을 써 보세요. 서로 감정 상하는 일 없이 여유롭고 차분하게 대화를 시작할 수 있을 거예요.

영어로는 뭐라고 해요?
You know what?
저기, 있잖아.

말 걸기 마법 쓰는 법!

① ○○야, 있잖아.

상대의 이름을 먼저 부르고 "있잖아"로 대화를 시작해 보세요. 조심스러운 느낌을 줄 수 있답니다.

② (상대의 눈을 보면서) 저기, 있잖아.

쭈뼛거리면서 밑을 보거나 엉뚱한 곳을 보면서 말하면 상대는 여러분의 이야기를 들어주지 않아요. 대화할 때는 상대의 눈을 똑바로 바라보면서 하도록 해요.

③ 죄송한데요.

처음 만나는 어른에게 말을 걸 때는 "죄송한데요"라고 조심스럽게 말하는 방법도 있어요.

MISSON

오늘부터 해 보자!

☐ 처음 만나는 사람에게 내가 먼저 말 걸어 보기

☐ "○○야, 있잖아"라고 말 걸기

☐ 천천히 말해도 좋으니 말을 끝까지 하기

유능제강 柔能制剛

부드러운 것이 오히려 강한 것을 이긴다는 뜻이에요. 누군가 내 이야기에 귀 기울여 주었으면 좋겠다는 생각이 들 때, 큰 소리로 말하거나 강한 어투로 내 이야기를 들어 달라고 주장하기보다는 상냥하고 부드럽게 말해 보세요. 분명 상대도 마음을 활짝 열고 기분 좋게 대화를 시작할 거예요.

고급  백마법 ⑬
만나서 반가워

"첫 만남은 항상 긴장돼."
"처음 만나는데 뭐라고 말해야 되지?"
라는 생각이 들 때

언제 쓰나요?
★ 자기소개를 할 때 써요
★ 처음 만나는 사람에게 써요

어떤 효과가 있나요?
★ 어색한 느낌이 사라져요
★ 대화가 자연스럽게 시작돼요

처음 보는 사람과 대화할 수 있는
얼음 깨기 마법

처음 보는 사람을 만나면 긴장되죠? 상대가 어떤 사람인지 몰라서 겁나거나, 무슨 말로 대화를 시작해야 할지 생각이 나지 않을 때 써 봐요!

처음 보는 상대를 만나 몸이 얼어붙고 두근두근 긴장될 때는 "만나서 반가워"라는 말로 시작해 보세요. 상대는 '나와 가까워지려고 하네'라는 생각이 들어 기분 좋게 "나도 반가워" 하고 대답할 거예요. 그러면 마치 얼음이 깨지듯 긴장이 풀어져서 서로 이름을 알려 주고 대화를 시작하기 쉬워져요. 그때부터는 상대와 조금씩 가까워질 수 있답니다.

이 마법을 쓸 때는 약간의 용기가 필요하지만, 그 효과는 확실해요. 긴장되었던 분위기와 마음이 스르륵 풀어져서 대화를 술술 이어 나갈 수 있게 되거든요.

영어로는 뭐라고 해요?

Nice to meet you!
만나서 반가워!

얼음 깨기 마법 쓰는 법!

① 안녕? / 안녕하세요?

처음 보는 사람에게 일단 밝게 인사하면 서로 긴장이 풀린답니다.

② 내 이름은 ○○야.

그 다음에는 이름을 말해요. 만약 어른을 만났다면 "저는 ~살이에요" 하고 나이까지 말하면 완벽하답니다.

③ 얘는 ○○야, 그리고 얘는 □□야.

서로 처음 만나는 친구들이 있을 때는 여러분이 먼저 친구들의 이름을 소개해 주세요. 어색한 분위기가 빨리 풀릴 거예요.

MISSON

오늘부터 해 보자!

- ☐ "안녕", "안녕하세요"로 대화를 시작하기

- ☐ 처음 만난 사람에게 이름과 나이 말하기

- ☐ 처음 만나는 친구들은 내가 소개해 주기

경개여구 傾蓋如舊

처음 만난 사이지만 오래 알고 지낸 친구처럼 친한 모습을 나타내는 말이에요. 사실 처음 만나면 누구나 다 어색하답니다. 용기를 내서 먼저 인사를 건네 보세요. 오늘 처음 본 사이라도, 금세 원래 알던 사이처럼 재미있게 이야기 나누게 될지도 몰라요.

고급  백마법 ⑭

다녀오겠습니다

❝ 좋은 하루가 됐으면 좋겠다. ❞
❝ 잘 다녀올테니 걱정하지 마세요. ❞
라는 생각이 들 때

언제 쓰나요?
★ 학교에 갈 때 써요
★ 놀러 갈 때도 써요

어떤 효과가 있나요?
★ 가족들이 기분 좋게 배웅해 줘요
★ 가족들이 안심해요

가족들의 걱정을 잠재워 줄
안심해 마법

아침에 학교에 갈 때나 친구 집에 놀러 갈 때, 잠깐 외출할 때 써 봐요!

<mark>잠깐 밖에 나갔다 오고 싶거나 즐겁게 놀다 오고 싶을 때는 그 마음을 "다녀오겠습니다"라는 말에 담아 가족에게 해 보세요.</mark> 이 말을 들은 가족은 안심이 될 거예요. 말없이 나가 버리면 가족들은 '아무 말도 안 하고 어디 가는 거지?' 하고 걱정이 될 수밖에 없어요. '~에 다녀오겠다'고 정확히 말을 하고 나가면 가족들도 불안해하지 않고 여러분을 기다릴 수 있답니다.

매일 아침 학교에 갈 때나 학원에 갈 때, 빼먹지 말고 이 마법을 써 봐요! 배웅해 주는 사람도 기분이 좋고, 집을 나서는 사람도 좀 더 활기찬 기분으로 하루를 시작할 수 있어요.

영어로는 뭐라고 해요?

I'm off!
다녀오겠습니다!

안심해 마법 쓰는 법!

① 다녀왔습니다!

외출하고 돌아오면 '무사히 다녀왔어요' 하는 마음을 담아 씩씩하게 인사하세요.

② 잘 다녀와! / 안녕히 다녀오세요!

외출하는 가족에게 이렇게 말하면 '즐거운 시간 보내고 와', '조심히 다녀와', '기다릴게'라는 마음을 전할 수 있답니다.

③ 왔어? / 다녀오셨어요?

외출하고 집에 돌아온 가족에게 이렇게 말하면 '즐거웠어?', '집에 와서 기뻐. 기다렸어'라는 마음이 전해진답니다.

MISSON

오늘부터 해 보자!

- ☐ 아무 말도 없이 외출하지 않기

- ☐ 외출하기 전, 후에 "다녀오겠습니다", "다녀왔습니다"라고 꼭 말하기

- ☐ 외출하는 가족에게 "다녀오세요", 가족이 집에 돌아온 후에는 "다녀오셨어요?"라고 말하기

속담 마법을 배워 봐요!

우물가에 애 보낸 것 같다 (한국 속담)

우물가에 어린아이가 있으면 우물에 빠질까 봐 걱정하는 마음을 나타내는 속담이에요. 부모님은 항상 이런 마음으로 여러분을 걱정하고 계시답니다. 부모님께서 걱정을 덜 하실 수 있도록, 밖에 나갈 때는 어디에 가는지 꼭 말씀드리도록 해요!

고급  백마법 ⑮
실례합니다

❝조용한 곳에 가면 긴장돼.❞
❝예의 바른 아이로 보이고 싶어.❞
라는 생각이 들 때

언제 쓰나요?
★ 교무실에 들어갈 때 써요
★ 교회나 절 같은 조용한 장소에 들어갈 때도 써요

어떤 효과가 있나요?
★ 나를 친절하게 맞이해 줘요
★ 조심스럽게 행동하게 돼요

어른의 세계로 들어가기 위한
배꼽 인사 마법

선생님께서 부르셔서 교무실에 들어갈 때나 조용한 교회 같은 곳에 발을 들여놓을 때, 다른 사람 집에 초대 받았을 때 써 봐요!

<mark>어른들이 많이 계신 곳이나 분위기가 엄숙한 곳에 들어갈 때는 가슴이 두근두근하죠? 이럴 때는 들어가기 전에 "실례합니다"라는 말을 해 보세요.</mark> 어른들이 '이 아이는 예의 바르고 반듯한 아이구나'라고 생각하실 거예요. 그리고 "어서 와" 하고 반기며 너그럽게 대해 주실 거예요.

이 배꼽 인사 마법의 효과를 알려 줄까요? 일단 마치 내가 어른이 된 듯 어깨가 쫙 펴지는 느낌이 들 거예요. 그리고 자연스럽게 말과 행동이 조심스러워질 거예요. "실례합니다"라는 어른스러운 한 마디로 서로가 예의에 어긋나지 않게 행동하려는 분위기가 생겨난답니다.

영어로는 뭐라고 해요?

Excuse me.
실례합니다.

배꼽 인사 마법 쓰는 법!

① (똑똑) 실례합니다.

문을 열기 전에는 먼저 노크를 해요. 그리고 나서 배꼽 인사와 함께 "실례합니다"라고 말하면 마법의 효과가 두 배가 된답니다.

② 실례하겠습니다.

어른이 계시는 친구 집이나 처음 가는 곳에 들어갈 때는 "실례하겠습니다"라고 말하는 고급 기술도 있어요.

③ 실례했습니다.

중요한 자리에서 나올 때는 "실례했습니다"라고 말한 뒤에 나오면 완벽해요!

MISSON

오늘부터 해 보자!

- ☐ 어른이 계신 곳이나 종교 시설에서는 조심스럽게 행동하기

- ☐ "실례합니다"라고 고개를 한 번 숙인 다음 들어가기

- ☐ "실례했습니다"라고 고개를 한 번 숙인 다음 나오기

장유유서 長幼有序

어른과 어린이 사이에는 지켜야 할 예의와 질서가 있다는 뜻이에요. 어른들이 계신 곳에 갈 때는 예의를 지키며 조심스럽게 행동하기로 약속해요.

고급  백마법 ⑯

기대돼!

"두근두근해."
"설레서 기다리기 힘들어."
라는 생각이 들 때

언제 쓰나요?

★ 친구와 놀러가기로 약속했을 때 써요
★ 여행 계획을 세웠을 때도 써요

어떤 효과가 있나요?

★ 기대가 더 커져요
★ 기다리는 시간마저 즐거워져요

기다림마저 즐거워지는
설렘 마법

친구들과 내일 놀기로 약속했거나 다음 주에 가족들과 함께 놀이공원에 가기로 했을 때, 선생님께서 다음 달에 현장 학습을 간다고 알려 주셨을 때 써 봐요!

==기분이 신나고 설레서 기다리기 힘들 때는 그 마음을 "기대돼!"라는 말로 상대에게 전해 보세요.== 그렇게 하면 상대도 덩달아 신이 나서 더 멋진 추억을 만들기 위해 계획을 세울 거예요.

이 설렘 마법은 생각보다 강력한 힘을 갖고 있어요. 왜냐하면 이 말을 하면 할수록 마음속에서 '아, 재밌을 것 같아!', '이런 것도 하고 싶어' 하는 생각이 들어서, 설레는 마음이 점점 더 커지거든요! 그러면 기다리는 시간마저 즐겁고 행복해진답니다.

영어로는 뭐라고 해요?
I'm looking forward to it!
기대돼!

설렘 마법 쓰는 법!

① 두근두근해.

"두근두근해", "가슴이 쿵쿵 뛰어"와 같은 말로 내 마음을 더 실감 나게 표현해 봐요.

---

② 기대되지?

상대도 나와 같은 기분인지 확인하고 싶다면 "기대되지?"라고 물어보세요. 같은 마음이라면 설렘이 더 커질 거예요.

---

③ 재밌었어!

다 놀고 헤어질 때 "재밌었어!"라고 말해 보세요. 집으로 돌아와서도 신나는 기분이 한동안 이어지게 해 주는 마법이에요.

MISSON

오늘부터 해 보자!

- ☐ 가족이나 친구들과 놀러 갈 신나는 계획 세우기

- ☐ 같이 놀러 가는 친구에게 "기대돼!"라고 기대감 표현하기

- ☐ "기대되지?" 하고 물어서 상대의 기분 확인하기

웃는 집에 복이 온다 (일본 속담)

웃음이 끊이지 않는 집에는 자연스레 행운이 찾아온다는 뜻의 속담이에요. 즐거운 기분으로 설레는 마음을 표현하고, 많이 웃어서 기분을 들뜨게 만들어 보세요. 기쁘고 신나는 일이 더욱 많이 생길 거예요.

고급  백마법 ⑰
별거 아니야

"고마워해 주니까 기쁘다."
"또 잘해 줘야지."
라는 생각이 들 때

언제 쓰나요?
★ 친구가 고맙다고 할 때 써요
★ 가족이 고마워할 때도 써요

어떤 효과가 있나요?
★ 상대에게 친절한 마음이 전달돼요
★ 상대도 친절하게 대해 줘요

마음 따뜻한 사람이 될 수 있는
겸손 마법

친구에게 친절하게 대하거나 선물을 주었더니 "고마워"라고 감사 인사를 할 때, 가족에게 "○○ 덕분이야"라고 칭찬 받았을 때 써 봐요!

==="고마워"라는 말을 들으면 '다음에 또 친절하게 행동해야지' 하는 생각이 들지요. 이 때 "별거 아니야"라는 말로 그 마음을 상대에게 전해 보세요.=== 이 말 속에는 '이 정도 일은 당신을 위해 얼마든지 할 수 있으니 언제든지 또 부탁해도 괜찮아요'라는 의미가 들어 있어요. 그래서 이 말을 들은 상대는 나를 정말 친절하고 따뜻한 사람이라고 생각하게 될 거예요. 그리고 '다음에는 꼭 나도 친절하게 대해야지' 하고 다짐할 거랍니다.

겸손 마법에는 이렇게 고마워하는 마음이 돌고 돌아 친절이 친절을 낳게 하는 효과가 있어요.

> **영어로는 뭐라고 해요?**
> **You are welcome.**
> 별거 아니야.

겸손 마법 쓰는 법!

① 언제든지 부탁해도 돼.

상대가 다음에 도움이 필요할 때 편하게 부탁할 수 있도록 이렇게 말해 보세요.

---

② 잘됐다!

여러분이 베푼 친절 덕분에 상대의 고민이 해결됐을 때는 "잘됐다!" 하고 함께 웃으며 축하해 주세요.

---

③ 아니에요. / 별 말씀을요.

웃어른이 나에게 고맙다고 하시면 이렇게 말해 보세요. 어른처럼 의젓하게 말하는 걸 보고 깜짝 놀라실지도 몰라요.

MISSON

오늘부터 해 보자!

- ☐ "고마워"라고 들을 만한 행동 한 가지 하기

- ☐ "고마워"라는 말을 들으면 "언제든지 부탁해도 돼"라고 대답하기

- ☐ "잘됐다!" 하고 상대의 기쁜 마음 나누기

겸양지덕 謙讓之德

겸손한 태도로 다른 사람에게 양보하거나 사양하는 마음을 뜻해요. 내가 잘났다는 태도로 말하거나 행동하지 않고, 겸손한 자세로 친절을 베풀며 살아가면 주위에 좋은 사람들이 모인답니다.

고급 백마법 ⑱

알았어(요)

"내가 할게."
"부탁을 들어줘야지."
라는 생각이 들 때

언제 쓰나요?
- ★ 부탁을 받았을 때 써요
- ★ 요구를 수락할 때도 써요

어떤 효과가 있나요?
- ★ 귀찮았던 일도 의욕이 생겨요
- ★ 상대가 안심해요

오해나 불안을 막아 주는
대답 마법

친구가 "내일 같이 놀자"라고 했을 때나 부모님이 "숙제부터 해"라고 하실 때, 선생님이 "프린트 좀 나눠 줄래?"라고 하셨을 때 써 봐요!

<mark>'할게요', '그럴게요' 하는 마음이 들면 곧바로 "알았어" 또는 "알았어요"라고 말해 보세요.</mark> 상대는 '내 부탁을 들어줬어' 하는 생각에 안심하고 고마움을 느낄 거예요. 반대로 아무 말도 하지 않으면 상대는 '어? 못 들었나?' 하고 불안해져요.

'싫은데', '하고 싶지 않은데' 하는 생각이 들더라도 아무 말도 하지 않으면 안 돼요. "나중에 할게"와 같은 말로 꼭 대답하도록 해요. 이야기한다 → 대답한다 → 이야기한다 → 대답한다……. 이런 대화의 반복이 사람과 사람의 마음을 이어 주는 거랍니다.

OK.
알았어.

대답 마법 쓰는 법!

① 응, 내가 할게!

누군가 부탁한 것을 수락하는 경우, 밝고 씩씩하게 대답해 보세요. 상대의 기분이 좋아질 거예요.

② 이해했어(요).

이해했다는 것을 말로 전하면 상대는 자신의 말이 제대로 전달되었다고 생각해서 안심할 수 있어요.

③ 그래!

이렇게 활기차게 대답하면 상대도 '부탁하길 잘했어', '말하길 잘했어' 하고 마음이 편안해진답니다.

MISSON

오늘부터 해 보자!

- ☐ 상대의 말 귀 기울여 듣기

- ☐ 상대의 요구를 수락할 때는 밝게 대답하기

- ☐ 이해했으면 이해했다고 말하기

말 안 하면 귀신도 모른다 (한국 속담)

하고 싶은 말을 마음속으로만 삼키면 아무도 알 수 없다는 뜻이에요. 누군가 말했을 때 듣고도 제대로 대답하지 않으면 말한 사람은 답답해져요. 대화를 할 때는 내가 하고 싶은 말을 분명히 전달하고 대답도 정확히 하도록 해요. 그래야 매끄럽게 대화할 수 있답니다.

고급  백마법 ⑲
기다려 줘(주세요)

"잠깐만!"
"나중에 할게요!"
라는 생각이 들 때

언제 쓰나요?
★ 시간이 더 필요할 때 써요
★ 무언가 조금 더 하고 싶을 때도 써요

어떤 효과가 있나요?
★ 상대가 기다려 줘요
★ 상대가 초조해하지 않아요

상대가 기분 좋게 기다려 주는
잠깐 타임 마법

친구가 "빨리 와!"라고 재촉하거나 부모님이 "게임 그만 하고 밥 먹어라"라고 하실 때, 선생님께서 심부름을 시키셨을 때 써 봐요!

'시간이 더 필요한데', '이거 조금만 더 하고 나서 할게'라는 생각이 들 때는 "기다려 줘" 또는 "기다려 주세요"라고 말해 보세요. 이때, "O분만 기다려 줘(주세요)"와 같이 얼마나 기다려 줬으면 하는지를 함께 말하면 더 좋아요. 그러면 상대는 '아, 지금 바쁘구나', 'O분 후면 하겠구나' 하고 여러분을 기다려 줄 거예요. "나중에", "잠깐만 기다려"라고 말하면 상대는 얼마나 기다려야 하는지 몰라 초조해지거든요.

몇 분이라고 말하기 어려울 때는 '~가 끝날 때까지', '~하고 나서'와 같이 최대한 구체적으로 말해 주도록 해요.

영어로는 뭐라고 해요?
Wait for 3 minutes, please!
3분만 기다려 주세요!

잠깐 타임 마법 쓰는 법!

① 잠깐만! 지금 ~하는 중이야.

지금 어떤 상황인지를 분명하게 전달하면 상대는 '지금 바쁘구나. 나중에 다시 말해야겠다' 하고 여러분을 기다려 줄 거예요.

② ~까지 기다려 줄 수 있어?

상대의 부탁을 당장 들어주기 힘들 때는 언제까지 기다려 달라는 말로 양해를 구하세요.

③ 나중에 해도 돼?

지금 당장 해야 하는 일인지 나중에 해도 괜찮은 일인지 상대에게 먼저 확인하는 방법도 있답니다.

MISSON

오늘부터 해 보자!

- ☐ 상대의 부탁이나 요구를 무시하지 않기

- ☐ "○분만 기다려 주면 할게"라고 약속하기

- ☐ 약속은 반드시 지키기

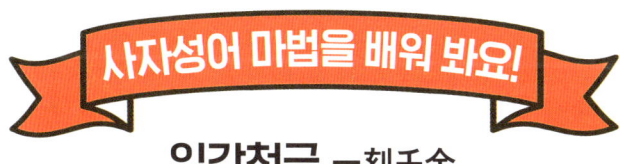

일각천금 一刻千金

아무리 짧은 시간이라도 금처럼 소중하다는 뜻이에요. 아무 말도 하지 않고 상대를 계속 기다리게 하는 것은 말 없이 돈을 빼앗는 것이나 마찬가지겠죠? 나와 상대의 소중한 시간을 낭비하지 않도록 미리 이야기하는 습관을 들이도록 해요.

고급  백마법 ⑳

파이팅!

❝응원하고 싶어.❞
❝힘을 주고 싶어.❞
라는 생각이 들 때

언제 쓰나요?
★ 운동회나 체육 시간에 응원할 때 써요
★ 일이나 공부를 응원할 때도 써요

어떤 효과가 있나요?
★ 상대가 힘을 얻어요
★ 나도 의욕이 생겨요

모두가 으쌰으쌰 힘이 나는
응원 마법

친구가 축구 시합에 나갈 때나 열심히 공부할 때, 경기에서 우리 편을 응원할 때, 부모님께서 아침 일찍 일하러 나가실 때 써 봐요!

'힘냈으면 좋겠어', '응원하고 싶어', '좋은 결과가 나왔으면 좋겠어' 하고 생각할 때는 "파이팅!"이라는 말로 그 마음을 상대에게 전해 보세요. 상대가 '아, 나를 지켜보고 있었구나!', '그래, 힘내야지' 하고 기뻐할 거예요. 더 잘하고 싶은 마음은 물론 기운과 용기까지 솟는답니다. 그리고 나중에 여러분에게 힘든 일이 닥쳤을 때는 상대가 "파이팅!" 하고 응원해 줄 거예요.

"파이팅!", "고마워, 너도 파이팅!"이라고 서로 주고받는 것만으로도 모두가 힘이 나는 강력한 마법이랍니다.

영어로는 뭐라고 해요?
You can do it!
할 수 있어!

1 할 수 있어!

일이 잘되지 않아 속상해 하는 친구에게 이렇게 말해 주세요. 힘이 날 거예요.

---

2 다 잘될 거야.

안 좋은 결과가 나올까 봐 불안해하는 친구에게 "다 잘될 거야"라고 말해 주면 한결 마음이 편해질 거예요.

---

3 내가 뭐 도와줄 거 있어?

이런 말을 들으면 '혼자가 아니구나' 하고 위로 받는 느낌이 들어요. 상대가 도움이 필요하다고 말하면 도와주고, 아니라고 하면 응원해 주면 돼요.

MISSON

오늘부터 해 보자!

☐ 열심히 노력하는 친구 응원하기

☐ 좋은 결과를 얻길 바라는 마음을 담아 응원하기

☐ 다른 사람에게 응원 받는 사람 되기

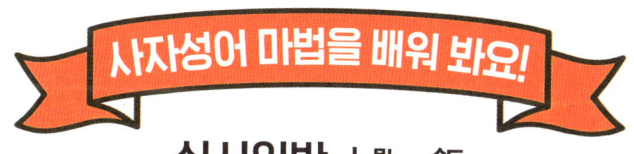

십시일반 十匙一飯

밥 열 숟가락을 모으면 한 그릇이 된다는 뜻의 사자성어예요. 여러 사람이 조금씩 힘을 합하면 한 사람을 돕기 쉽다는 말이지요. 응원의 말 한마디를 하는 것은 어렵지 않지만, 여러 사람에게 응원을 들은 사람은 정말 큰 힘을 낼 수 있어요. 힘들어 보이는 상대에게 꼭 "파이팅!" 하고 말해 주세요.

고급  백마법 ㉑

축하해(요)

"잘됐다."
"친구가 잘돼서 기뻐."
라는 생각이 들 때

언제 쓰나요?
★ 친구에게 좋은 일이 생겼을 때 써요
★ 가족에게 기쁜 일이 생겼을 때도 써요

어떤 효과가 있나요?
★ 상대가 더 기뻐해요
★ 모두가 행복해져요

함께 기뻐하며 더 행복해지는
축복 마법

친구가 축구 시합에서 이겼을 때나 시험을 잘 본 것 같을 때, 가족에게 기쁜 일이 생겼을 때 써 봐요!

'잘됐다', '잘돼서 기뻐'라는 생각이 들 때는 "축하해" 또는 "축하해요"라는 말로 상대에게 그 마음을 전해 보세요. 상대는 분명 '같이 기뻐해 주네!' 하는 생각에 기분이 더욱 좋아질 거예요.

좋은 일이 생기면 그 자체로도 기쁘지만, 누군가 축하해 주었을 때 기쁜 마음이 두 배, 세 배로 커진답니다. 주변 사람들에게 기쁜 일이 생겼을 때 함께 기뻐하고 진심으로 축하해 주세요. 행복한 기분이 여러분 주위를 빙빙 날아다니는 것 같은 마법의 효과를 바로 느낄 수 있을 거예요.

영어로는 뭐라고 해요?
Congratulations!
축하해!

축복 마법 쓰는 법!

① 정말 잘됐다!

소중한 친구에게 기쁜 일이 생겼을 때는 내 일처럼 기뻐해 주세요.

② 고생했어. / 수고했어.

열심히 노력한 상대에게 이렇게 말해 주면 상대는 '열심히 하길 잘했어' 하고 지금까지 한 노력에 보상 받는 기분이 들 거예요.

③ 대단하다!

좋은 결과를 얻기까지는 보이지 않는 노력이 많이 필요해요. 지금까지 상대가 해 온 노력과 결과물을 생각해 "대단하다!"라고 칭찬해 주세요.

MISSON

오늘부터 해 보자!

- ☐ 열심히 노력한 친구 칭찬하기
- ☐ 다른 사람의 좋은 일을 내 일처럼 기뻐하기
- ☐ "축하해"라는 말로 축하해 주기

고생 끝에 낙이 온다 (한국 속담)

어려운 일이나 힘든 일을 겪은 뒤에는 반드시 즐겁고 좋은 일이 생긴다는 뜻의 속담이에요. 오랫동안 애써서 좋은 결과를 얻었다면 분명 매우 기쁘겠지요? 나에게도 상대에게도, 아낌 없이 칭찬해 주도록 해요.

고급 백마법 ㉒

해 볼게(요)

❝잘될까?❞
❝실패할까 봐 무서워.❞
라는 생각이 들 때

언제 쓰나요?
★ 시험이나 테스트 전에 써요
★ 새로운 도전을 할 때도 써요

어떤 효과가 있나요?
★ 도전할 자신감이 생겨요
★ 용기를 얻을 수 있어요

스스로를 격려하고 용기를 북돋아 주는
도전 마법

　높은 뜀틀에 도전할 때나 시험을 앞두고 많이 불안할 때, 친구들 앞에 서서 발표하는 게 무서워서 눈물이 나올 것 같을 때 써 봐요!

　'이건 도저히 안될 것 같아', '무서워' 같은 생각이 들 때는 용기를 내서 "해 볼게!", "해 볼게요!"라고 스스로를 격려하는 말을 외쳐 보세요. 이 마법에는 '잘 못해도 괜찮아', '도전하는 게 중요해'라는 마음이 담겨 있어요. 일단 말하고 나면 신기하게도 자신감이 생겨나지요. 그리고 이 말을 들은 주위 사람들은 "대단한데?", "멋있다!" 하면서 여러분을 응원해 줄 거예요.

　무서울 때는 "무섭다"라고 솔직하게 말하는 것도 좋지만, 때로는 스스로 용기를 북돋아 주기 위해서라도 도전 마법을 외쳐 보세요.

영어로는 뭐라고 해요?
I will give it a try!
한번 해 볼게!

도전 마법 쓰는 법!

① 안 해 보면 몰라.

어떤 일이든 시작하기 전에는 결과가 어떻게 될지 아무도 알 수 없어요. 우선 시작하는 게 중요하답니다. "안 해 보면 몰라", "한번 해 보자!"라고 말하며 시작해 보세요.

② 할 수 있어!

함께 외치면 효과적인 마법이에요. 용기와 자신감이 솟아오를 거예요!

③ 나 대단하지?

좋은 결과가 나오면 스스로를 직접 칭찬해 보세요. 그리고 주변 사람들에게 알려서 기쁨을 함께 나누세요.

MISSON

오늘부터 해 보자!

☐ 불안하고 걱정되는 마음을 피하지 말고 마주하기

☐ "해 볼게" 하고 용기 있게 도전하기

☐ "잘했어!" 하고 스스로 칭찬하기

천릿길도 한 걸음부터 (한국 속담)

아무리 큰일이라도 처음에는 작은 일부터 시작해야 한다는 뜻이에요. 그래서 어떤 일을 할 때 막막하더라도 일단 해 보는 것이 중요해요. 시작하고 나면 앞으로 나아갈 수 있거든요. 반대로, 시작하지 않으면 어떤 일도 일어나지 않는답니다.

고급  백마법 ㉓
기분이 ~해(요)

❛기분이 좋아.❜
❛기분이 나빠.❜
라는 생각이 들 때

언제 쓰나요?
★ 친구와 싸웠을 때 써요
★ 부모님께 혼났을 때도 써요

어떤 효과가 있나요?
★ 침착하게 행동할 수 있어요
★ 주변 사람들에게 내 감정을 알려줄 수 있어요

감정을 있는 그대로 말하는
느낀 대로 마법

다양한 감정이 느껴져서 뭐라고 말해야 할지 모르겠을 때, 슬픈 건지 분한 건지 마음이 애매할 때, 상대에게 내 기분을 전하고 싶을 때 써 봐요!

<mark>마음속에 복잡한 감정이 생겨났다면, 있는 그대로 "기분이 ~해" 또는 "기분이 ~해요"라고 말해 보세요.</mark> 기분이 나쁘면 나쁘다고, 기쁘면 기쁘다고, 도움이 필요하면 도움이 필요하다고 말하는 거예요. 어떻게 말해야 할지 모를 때는 있는 그대로 말하는 게 가장 좋거든요.

중요한 것은 말하기를 포기하지 않는 거예요. '지금 열심히 말하려고 노력하고 있어', '내 마음을 알아주면 좋겠어'라는 마음이 전해지면 상대는 여러분의 말에 귀를 기울일 거예요. 이렇게 노력하는 마음이야말로 모두를 행복하게 해 주는 최강의 마법일지도 몰라요.

영어로는 뭐라고 해요?
I feel great!
나 기분이 좋아!

느낀 대로 마법 쓰는 법!

① 그 말을 들으니까 기분이 나빠.

누군가 나를 기분 나쁘게 했다면, 기분 나쁜 이유를 구체적으로 말해 주세요. 무작정 화를 내는 것보다 효과적이에요.

---

② 뭐라고 말해야 할지 모르겠어.

말을 잘 하지 못해도 괜찮아요. 내 감정을 전하려는 마음이 중요해요.

---

③ 넌 어때?

내 기분을 말한 뒤에 상대가 느끼는 기분은 어떤지 물어보세요. 서로를 이해하고 더 가까워질 수 있을 거예요.

오늘부터 해 보자!

- ☐ 지금 느끼는 감정이 뭔지 곰곰이 생각하기
- ☐ 상대에게 마음을 전하려고 노력하기
- ☐ 마음을 전하는 것이 어려워도 포기하지 않기

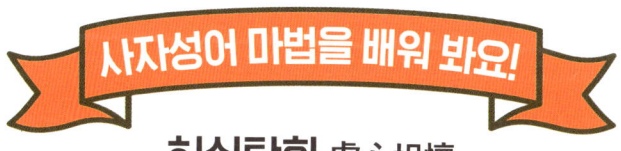

허심탄회 虛心坦懷

생각을 솔직하게 터놓고 말한다는 뜻의 사자성어예요. 말하지 않아도 다른 사람의 마음을 알 수 있으면 좋겠지만, 그건 어려운 일이지요. 그래서 내가 지금 어떤 생각을 하고 있는지, 어떤 기분이 드는지를 상대에게 있는 그대로 전하는 것이 중요하답니다.

제 3 장

금단의 흑마법 30

자, 이번에 배울 것은 무시무시한 어둠의 마법!
절대 써선 안 되는 **금단의 흑마법**이다.
뭐, 가족과 친구들에게 미움 받는
외톨이가 되고 싶다면 쓰는 걸 말리진 않겠다만.
아마 평소에 나도 모르게 쓰는 말이 많을 거다.
잘 알아 두고, 앞으로 조심하도록!

금단의  흑마법 ❶

아니

언제 쓰게 되나요?
★ 반박하고 싶을 때 써요
★ 하고 싶지 않은 일이 있을 때도 써요

상대는 어떻게 생각할까요?
★ '또 변명을 하는군'
★ '대화하기 싫다'

내 이야기에 귀를 막게 되는
일단 부정 마법

친구가 하는 말에 "그건 아니야"라고 반박하고 싶을 때나 누가 억지로 시킨 일을 하고 싶지 않아서 짜증이 날 때, 습관적으로 "아니"라는 말이 튀어나오지는 않나요?

"아니, ○○네 집에서는…….", "아니, 걔가 먼저 시작했단 말이야"

==상대는 이런 말을 들으면 '또 변명이야?', '매번 내 이야기를 부정하네' 하고 기분이 상해 마음을 닫게 돼요.== 대화하려는 마음이 사라지는 거예요. 그럼 여러분의 의견은 받아들여지지 않겠지요. 결국 양쪽 모두 마음이 상하게 돼요.

곧바로 상대의 말을 부정해서 서로 기분이 나빠지고 상대가 내 이야기에 귀 기울이지 않게 되는 최악의 마법, 절대 쓰면 안 되겠지요?

대신 이렇게 말해요

있는 그대로 "엄마, ○○네 집에서는~", "있잖아, 걔가 먼저~"와 같은 말로 이야기를 시작해 보세요.

금단의  흑마법 ❷

어차피

언제 쓰게 되나요?

★ 자신 없을 때 써요
★ 의욕이 없을 때도 써요

상대는 어떻게 생각할까요?

★ '잘할 생각이 없네'
★ '응원해 줄 필요 없겠어'

자포자기 마법

일이 배배 꼬여버리는

자신이 없어서 결과가 만족스럽지 않게 나올 것 같을 때, 입버릇처럼 "어차피"라고 말하고 있지는 않나요?
"어차피 나는 상 못 받아", "어차피 나는 방해만 될 거야"
이런 말을 들으면 상대는 '아, 얘는 벌써 포기했네…' 하고 기운이 빠지고 실망해 버려요. 이 말을 하는 여러분도 실패할지도 모른다는 생각이 앞서니 의욕이 생기지 않고, 주변 사람들도 응원하려던 마음이 사라져서 모두가 울적해지지요. 그러면 원래 잘되었을 일인데도 안 좋은 결과가 나올 수도 있답니다.
'어차피'라는 이 자포자기 마법에는 일이 잘 되지 않게 하는 무서운 힘이 있으니, 습관처럼 말하고 있다면 반드시 그만두는 것을 추천해요.

대신 이렇게 말해요

반대로 "잘될 거야", "최선을 다해 봐야지"라고 말해 보세요. 신기하게도 정말로 좋은 일이 생긴답니다.

금단의  흑마법 ❸

바보·멍청이

언제 쓰게 되나요?
★ 짜증날 때 써요
★ 친구와 다툴 때도 써요

상대는 어떻게 생각할까요?
★ '기분 나빠'
★ '상처 받았어'

상대와 나 모두 100% 기분 나빠지는
욕설 마법

친구 때문에 기분이 상할 때나 화나고 짜증날 때, "바보", "멍청이" 또는 더 심한 욕설을 내뱉고 있지는 않나요?
"바보 아냐?", "멍청한 게"
이런 말을 들은 상대는 크게 상처를 받아요. 속상하고 우울해져 표정이 점점 굳어지죠. 잘해 주고 싶은 마음이 있다가도 사라져서 '뭐? 나도 못되게 굴어 주지'라고 생각하게 되기도 하고요.

바보, 멍청이 외에도 상대의 기분을 망치는 욕설이 굉장히 많죠. 욕을 하는 순간은 속이 후련해질지도 몰라요. 하지만 욕을 하면 그 영향은 반드시 나에게도 오게 되어, 내 기분도 나빠져요. 이건 100% 장담할 수 있답니다. 그러니 이 마법은 꼭 참고 쓰지 않기로 해요.

대신 이렇게 말해요
"하지 마", "왜 그러는데?" 하고 조용하고 부드럽게 말해 보세요.

금단의  흑마법 ❹

야!

언제 쓰게 되나요?

★ 흥분했을 때 써요
★ 화가 났을 때도 써요

상대는 어떻게 생각할까요?

★ '무서워'
★ '화났나?'

관계를 아슬아슬하게 만드는
큰소리 마법

　친구나 형제자매와 이야기를 하다가 흥분했을 때나 불만을 강하게 표현하고 싶을 때, 무심코 "야!"라고 말하고 있지는 않나요?
　"야! 내 말 안 들려?", "야, 시끄러워"
　"야!"라는 말을 들은 상대는 깜짝 놀라고 기분이 상하게 돼요. 공격적으로 느껴지기 때문이에요. '화내려는 건가?' 하고 위축될 수도 있어요. 그런 의도로 말한 게 아니었더라도, 주변 사람들 눈에는 여러분이 화난 것처럼 보일 확률이 커요.
　큰소리 마법에는 이렇게 분위기를 무섭게 만드는 힘이 있으니 조심해야 해요. "야!"라고 하고 싶을 때는 한번 더 생각해 보고 목소리를 낮춰 차분하게 하고 싶은 말을 하는 연습을 해 봐요.

대신 이렇게 말해요

아무리 화가 나도 "○○야" 하고 상대의 이름을 부르는 게 좋아요.

금단의  흑마법 ❺

안 그러면

언제 쓰게 되나요?

★ 명령하고 싶을 때 써요
★ 내 멋대로 하고 싶을 때도 써요

상대는 어떻게 생각할까요?

★ '기분 나빠'
★ '언젠가 되돌려줄 거야'

결국엔 모두에게 외면 받는
협박 마법

다른 사람에게 무언가 시키고 싶을 때나 상대가 내가 원하는 대로 해 주었으면 할 때, 습관적으로 "안 그러면"이라는 말을 붙여 겁을 주고 있지는 않나요?

"안 그러면 나 집 나갈 거야!" "내 말 안 들으면 맞는다"

==이런 협박을 받은 상대는 놀라서 당장은 원하는 대로 해 줄지도 몰라요. 하지만 속으로는 '뭐야?' 하는 생각이 들어 불쾌할 거예요.== 그래서 기회만 있으면 언젠가 여러분에게 상처를 되돌려주려고 할 거예요. 또, 이 마법을 자주 쓰면 상대가 금방 익숙해져서 여러분의 말을 들은 척도 하지 않게 될 가능성이 높아요.

협박 마법은 쓰면 쓸수록 상대방이 나를 미워하게 되어 결국 모두에게 외면 받게 된다는 사실을 꼭 기억하세요.

대신 이렇게 말해요

해 주었으면 하는 것이 있으면 "~해 줘"라고 부탁하세요.

금단의  흑마법 ❻

다 그래

> 너희들도 다 그렇지?
> 그렇다고 해!

언제 쓰게 되나요?
★ 꼭 하고 싶은 일이 있을 때 써요
★ 어른을 설득하고 싶을 때도 써요

상대는 어떻게 생각할까요?
★ '아닌 것 같은데?'
★ '떼를 쓰는구나'

상대의 의심을 사기 쉬운
물귀신 마법

반 친구들이 대부분 갖고 있는 물건을 사고 싶을 때나 나만 친구들과 다른 걸 갖고 있는 게 창피할 때, 습관적으로 "다른 애들 다 그래"라는 말로 부모님을 설득하고 있지는 않나요?

"애들 다 갖고 있단 말이야, 나도 사 줘!", "애들 다 간대!"

그럼 부모님은 순간적으로는 '그렇구나…' 하고 마음이 살짝 흔들리실 거예요. 하지만 금세 '정말?', '전부 다 그렇다고?' 하고 의문을 갖게 되지요. 거짓말로 꾀를 부린다고 생각하셔서 오히려 여러분의 부탁을 거절하실 수도 있어요. 그럼 그때까지의 노력이 순식간에 수포로 돌아갈 거예요.

이 마법은 상대의 의심을 사기 쉬워요. 자주 쓰다 보면 나중에는 여러분의 행동 하나하나가 의심 받게 될지도 모르니 주의하도록 해요.

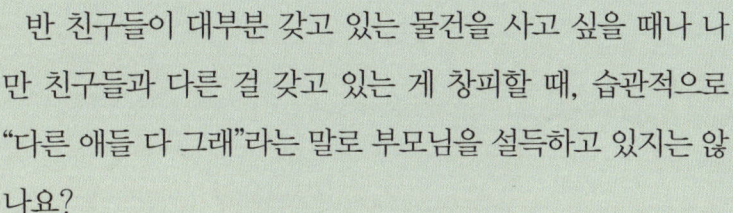

대신 이렇게 말해요

"이거 사 주세요", "갖고 싶어요", "제가 좋아하는 거예요" 하고 솔직한 의견을 말하세요.

금단의 흑마법 ❼

~때문이야

> 대체 누구 때문이지?

> 일단 난 아니야!

언제 쓰게 되나요?
★ 핑계를 대고 싶을 때 써요
★ 혼나고 싶지 않을 때도 써요

상대는 어떻게 생각할까요?
★ '중요한 건 그게 아닌데….'
★ '핑계만 대는구나'

정작 중요한 것은 놓치게 되는
범인 찾기 마법

　내 잘못이 아닌데 혼날 때나, 다른 사람이 더 잘못했다는 생각이 들 때, 나도 모르게 "~때문이야"라고 핑계를 대고 있지는 않나요?
　"내 잘못 아니거든?", "○○ 때문이야", "아니, 선생님도 잘못했다니까!"
　<mark>상대는 이런 말을 들으면 '지금 그게 중요한 게 아닌데' 하는 생각이 들 거예요.</mark> 실수했을 때 중요한 것은 '앞으로 어떻게 하면 될까?'랍니다. 그런데 잘못한 사람이 누구인지 범인 찾기에만 열을 올리면 문제는 전혀 해결되지 않아요. 분위기만 어색해질 뿐이지요.
　이 마법은 안 좋은 상황을 나아지게 하기는커녕 더욱 악화시킨다는 것을 꼭 기억하세요. 중요한 것은 앞으로 어떻게 행동해서 문제를 해결할지를 생각하는 거예요!

대신 이렇게 말해요

'어떻게 하면 좋을까?'를 제일 먼저 생각한 후 말하도록 해요.

금단의  흑마법 ❽

죽고 싶어

언제 쓰게 되나요?

★ 심한 말을 하고 싶을 때 써요
★ 기분 나쁜 티를 내고 싶을 때도 써요

상대는 어떻게 생각할까요?

★ '상처 받았어'
★ '울고 싶어'

어른들의 마음에 커다란 상처를 주는
트라우마 마법

상대에게 심한 말을 해서 충격을 주고 싶거나 기분이 우울한 티를 잔뜩 내고 싶을 때, 아무 생각 없이 "죽고 싶어"라는 말을 하고 있지는 않나요?

"죽고 싶어", "죽어 버려!"

이런 말을 듣는 순간 상대는 기분이 매우 우울하고 가라앉게 돼요. 특히 어른들은 지금까지 살면서 죽음으로 소중한 사람을 잃은 경험이 여러분보다 많아요. 그때의 기억이 떠올라 굉장히 슬프고 힘들어서 울음이 터질 듯한 기분이 들지도 몰라요. 사람의 죽음으로 생기는 상처는 여러분이 생각하는 것보다 훨씬 더 크고 깊답니다.

그러니 절대 농담이나 가벼운 마음으로 죽음에 관한 이야기를 하지 않기로 해요. 내가 가볍게 한 말이 상대의 상처를 건드릴 수 있어요.

대신 이렇게 말해요

죽음에 관한 말은 큰 상처를 줄 수 있으니 쓰지 않기로 해요.

금단의 흑마법 ❾

꺼져

언제 쓰게 되나요?
★ 친구와 다툴 때 써요
★ 장난치고 싶을 때도 써요

상대는 어떻게 생각할까요?
★ '너무해'
★ '상처 받았어'

곁에서 친구가 하나씩 사라지는
소멸 마법

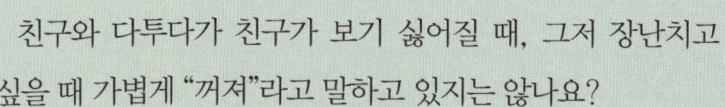

친구와 다투다가 친구가 보기 싫어질 때, 그저 장난치고 싶을 때 가볍게 "꺼져"라고 말하고 있지는 않나요?
"야, 꺼져", "아, 꺼지라고"

이런 말을 들은 상대는 모욕감이 들고 상처를 받게 돼요. 그리고 점점 여러분과 거리를 두려고 할 거예요. 상처 주는 사람과 가까이 지내고 싶지 않으니까요. 그러면 내가 한 말처럼 정말로 사람들이 한 명씩 곁에서 떠나가게 돼요.

또는 화가 나서 똑같이 "꺼져"라고 대답하거나 더 심한 말을 할 수도 있어요. 여러분이 어떤 말을 해도 제대로 들으려고 하지 않을 거고요. 그런 취급을 받고 싶지 않다면 아무리 화가 나도 소멸 마법은 쓰지 않도록 해요.

대신 이렇게 말해요

화가 나서 상대를 보기 싫다면 내가 자리를 피하는 게 나아요.

금단의 흑마법 ⑩

난 못해

언제 쓰게 되나요?

★ 하고 싶지 않을 때 써요
★ 거절할 때도 써요

상대는 어떻게 생각할까요?

★ '실망이야'
★ '포기가 빠르구나'

상대를 완전히 실망시키는
거절 마법

누군가에게 부탁을 받았는데 '그걸 어떻게 해?', '하고 싶지 않아'라는 생각이 들 때, 곧바로 "난 못해"라는 말로 거절하고 있지는 않나요?

"나보고 하라고?", "난 못해!"

이런 말을 들은 상대는 크게 실망해서 대화를 그만두려고 할 거예요. '난 못하니까 더 이상 말하지 마!' 하고 강하게 거절 당한 기분이 들거든요. '그래, 그렇구나' 하는 마음이 들어 대화를 더 이어갈 생각이 없어지지요.

만약 마음속에 '어렵지 않으면 도와줄 수 있을 것 같은데', '돕고 싶은데 방법을 모르겠어'와 같은 생각이 조금이라도 든다면, '못한다'는 말을 가볍게 내뱉지는 말도록 해요. 방법을 함께 생각해 볼 수도 있으니까요.

대신 이렇게 말해요

"미안해", "시간이 없어서"처럼 부드럽게 거절할 수도 있어요.

금단의  흑마법 ⑪

싫어

언제 쓰게 되나요?

★ 싫어하는 음식을 먹을 때 써요
★ 불평할 때도 써요

상대는 어떻게 생각할까요?

★ '어쩌지?'
★ '뭘 달라는 거야?'

좋아하는 것을 가질 수 없게 되는
싫어 싫어 마법

　음식, 옷, 여행지 등 다른 사람이 주거나 결정한 것이 마음에 들지 않을 때, 불만에 가득 찬 목소리로 "싫어"라고 말하고 있지는 않나요?

　"싫은데?", "싫다고 했잖아"

　==이런 말을 계속해서 듣는 상대는 '이것도 싫다고?' '그럼 뭘 좋아하는 거지' 하는 생각이 들어 난처하고 짜증이 날 거예요.== 그러다 어느새 '됐어, 마음대로 해' 하고 더 이상 뭔가를 권하거나 주려고 하지 않을 수도 있어요.

　이렇게 되면 이 마법의 무시무시한 효과가 나타나요. 싫어하는 것뿐만 아니라 좋아하는 것도 가질 수 없게 되거든요. 싫어 싫어 마법을 외치면 외칠수록, 내가 좋아하는 것을 가지는 것도 어려워진다는 사실을 꼭 기억해 두세요.

대신 이렇게 말해요

"나는 이게 더 좋아(요)"라고 말해 보세요. 상대도 기분 좋게 주고 싶어질 거예요.

금단의 흑마법 ⑫

재수 없어

> 언제 쓰게 되나요?

★ 친구가 미울 때 써요
★ 친구의 행동이 보기 싫을 때도 써요

> 상대는 어떻게 생각할까요?

★ '너무 슬퍼'
★ '나를 싫어하네'

마음에 큰 상처를 남기는
무차별 공격 마법

　상대의 말투나 행동이 마음에 들지 않거나 이유 없이 싫을 때, 나에게 다가오지 않았으면 할 때, 공격적으로 "재수 없어"라는 말을 내뱉고 있지는 않나요?
　"아, 재수 없어", "재수 없다고!"
　==이런 말을 들은 상대는 크게 상처 받고 혼란스러워져요. "네가 아무리 노력해도 난 네가 싫어. 이유 같은 건 없어. 저리 가!" 하고 일방적으로 퍼붓는 느낌을 주는 말이거든요.== 왜 자기를 싫어하는지, 자기가 무엇을 잘못했는지 모르니 고치고 싶어도 고칠 수 없고요.
　그러니 상대가 아무리 싫어도 이 마법은 쓰지 않도록 해요. 특히 앞으로 계속 관계를 이어 나갈 상대에게는 절대로 해서는 안 될 말이에요.

대신 이렇게 말해요
차라리 상대가 싫은 이유를 말해 주는 게 나아요.

금단의 흑마법 ⓭

짜증 나

언제 쓰게 되나요?

★ 마음에 들지 않을 때 써요
★ 내버려뒀으면 할 때도 써요

상대는 어떻게 생각할까요?

★ '뭘 어떻게 해야 돼?'
★ '대화하고 싶지 않아'

점점 생각 없이 말하게 되는
돌머리 마법

잔소리를 들어 우울하거나 내 생각대로 일이 되지 않아 답답할 때, 아무것도 하기 싫어질 때, 나도 모르게 "짜증 나"라는 말을 툭툭 내뱉고 있지는 않나요?
"아, 진짜 짜증 나", "몰라, 짜증 난다고!"
이런 말을 들은 상대는 놀라고 당황하게 돼요. 여러분이 갑자기 짜증을 낸 이유를 모르기 때문이에요. 실제로 이 말은 내가 무엇 때문에 짜증이 나는지 몰라서 기분을 말로 잘 표현할 수 없을 때 툭 튀어나오곤 한답니다.
무심결에 '짜증 나'라고 말하다 보면 스스로 어떤 기분을 느끼고 있는 건지 생각해 볼 시간이 없어요. 그래서 점점 깊게 생각하지 않고 짜증 난다는 말만 반복하게 되지요. 생각이 정지되고 머리가 굳어 가는 이 마법, 주의하세요!

대신 이렇게 말해요

"나는 그런 말 듣는 거 싫어해", "~하지 말아 줘" 하고 내가 느끼는 감정과 생각을 구체적으로 말하세요.

금단의  흑마법 ⑭

헐 · 대박

언제 쓰게 되나요?

★ 좋은 일이 생겼을 때 써요
★ 나쁜 일이 생겼을 때도 써요

상대는 어떻게 생각할까요?

★ '그래서 어떻다는 거지?'
★ '뭐라는 건지 모르겠어'

진짜 기분을 교묘하게 가리는
단순 마법

시험을 못 봤을 때, 사고를 쳤을 때, 또는 반대로 아이스크림이 너무 맛있어서 기분 좋을 때 등 여러 상황에서 입버릇처럼 "헐", "대박"이라는 말을 쓰고 있지는 않나요?

"와, 시험 점수 대박", "헐, 이 아이스크림 대박이다!"

서로 다른 여러 상황에서 이런 말로만 감정을 표현한다면, 상대는 내가 겁을 먹은 건지, 맛있는 건지, 신기한 건지 알 수가 없어요.

내 기분을 정확히 모르지만 표현은 하고 싶을 때, 어쩌다 마음의 변화가 생겼는지 나도 잘 모르겠을 때 "헐", "대박"이라는 말로 대충 얼버무리면 아주 편해요. 하지만 그렇게 이 마법을 남발하다 보면, 앞으로도 계속 제대로 내 감정을 표현하지 못하는 사람이 될 테니 주의하도록 해요.

대신 이렇게 말해요

앞으로는 "대박, 완전 놀랐어", "헐, 진짜 맛있다"처럼 내가 느낀 감정도 붙여서 말해 보세요.

금단의 흑마법 ⑮

아무거나

언제 쓰게 되나요?
★ 생각이 떠오르지 않을 때 써요
★ 결정하기 귀찮을 때도 써요

상대는 어떻게 생각할까요?
★ '난 신경도 안 쓰는구나'
★ '왜 나한테 다 떠넘기지?'

상대의 의욕을 순식간에 사라지게 하는
떠넘기기 마법

　가족이나 친구가 먹고 싶은 음식이 있는지 물었는데 딱히 없을 때, 어디로 놀러갈지 상의하는데 가고 싶은 곳이 떠오르지 않을 때 무심하게 "아무거나", "다 좋아"라고 말하고 있지는 않나요?

　"어? 아무거나", "난 다 좋아"

　이 말을 듣는 상대는 무언가를 같이 하고 싶었던 생각이 싹 사라져요. 마치 "지금 너만 신난 거야", "난 별로 기대 안 돼"라고 말하는 것처럼 들릴 수 있거든요.

　한번 김이 샌 상대는 '아무거나 괜찮으면 나도 적당히 해야겠다'라는 생각을 하게 돼요. 그럼 점점 지루해지고 재미를 잃게 되겠죠? 이 마법은 상대의 의욕을 순식간에 사라지게 하는 효과가 있다는 걸 꼭 알고 써야 해요.

대신 이렇게 말해요

당장 생각이 나지 않아도 "어떡할까?", "어디가 좋을까?" 하고 같이 고민하는 건 어떨까요?

금단의 흑마법 ⑯

못생긴 게

언제 쓰게 되나요?

★ 화날 때 써요
★ 심한 말을 하고 싶을 때도 써요

상대는 어떻게 생각할까요?

★ '슬프고 괴로워'
★ '자기는 뭐가 잘났다고'

내가 제일 못난 사람이 되는
외모 비하 마법

싸우다가 화가 많이 나서 심한 말을 하고 싶을 때, 상대를 깎아내리고 싶을 때, 홧김에 "못생겼어", "돼지"처럼 외모를 비하하는 말을 내뱉고 있지는 않나요?

"못생긴 게", "이 돼지야!"

이런 말을 들은 상대는 무조건 상처를 받아요. 외모를 깎아내리는 말을 듣는 건 슬프고 괴로운 일이거든요. 그뿐만 아니라 여러분을 향한 주변 사람들의 시선이 점점 날카로워질 거예요. '인성이 좋지 않은 사람'이라고 생각해서 거리를 두려고 하겠지요.

남을 깎아내리는 욕에는 여러 가지가 있어요. 그런데 특히 외모에 대한 욕은 그것을 하는 사람을 굉장히 못나 보이게 한답니다. 외모 비하 마법을 쓰고 싶다면 이 사실을 꼭 알고 쓰기를 바랄게요.

대신 이렇게 말해요

아무리 화가 나도 상대의 외모에 대해서는 말하지 않기로 해요.

금단의 흑마법 ⑰

~주제에

> 해, 햄스터 주제에 까불지 마!

언제 쓰게 되나요?

★ 예상보다 좋은 결과를 낸 상대에게 써요
★ 갑자기 지적을 받았을 때도 써요

상대는 어떻게 생각할까요?

★ '참 속이 좁네'
★ '가까이 하면 안 되겠다'

속 좁은 게 바로 들통나 버리는
무시 마법

평소에 나보다 못했던 친구가 생각보다 시험을 잘 봐서 놀랐을 때나, 생각지도 못한 상대에게 갑자기 지적을 받았을 때, "~주제에" 하고 무시한 적은 없나요?
"못생긴 주제에", "나보다 못하는 주제에"

이런 말을 하고 나면 여러분은 속이 시원할 거예요. 상대는 창피해서 앞으로는 나서지 말아야겠다고 생각할 수도 있고요. 하지만 주변 사람들은 '자기 마음에 들지 않으면 남을 무시하는 아이네', '나는 속 좁은 애 싫은데'라고 생각해서 여러분과 가까이 하고 싶지 않다고 느낄 거예요.

이 무시 마법은 쓰는 순간에는 내가 더 나은 사람이 된 것 같지만, 결국 내 주위에서 사람들이 사라져 가는 쓸쓸한 마법이랍니다.

대신 이렇게 말해요

놀라거나 속상하더라도 내가 무시 당했을 때의 기분을 생각하며, 남을 깔보거나 무시하는 말은 하지 않도록 해요.

금단의  흑마법 ⑱

닥쳐

언제 쓰게 되나요?
★ 계속 지적을 받을 때 써요
★ 혼자 있고 싶을 때도 써요

상대는 어떻게 생각할까요?
★ '마음대로 해'
★ '너 혼자 알아서 해'

결국 외톨이가 되는
입 막기 마법

계속 지적을 받아서 화가 나거나 '알고 있으니까 그만 좀 해!' 하고 짜증이 날 때, 홧김에 "닥쳐"라고 말하고 있지는 않나요?

"닥쳐", "아, 시끄럽다고!"

상대는 이런 말을 들으면 "네가 말을 안 들으니까 그렇지!"라고 화를 낼 거예요. 그러다 "네 마음대로 해", "그래, 더 이상 말 안 할게" 하고 대화를 포기하게 되지요. 이런 일이 반복되면 여러분 주변엔 아무도 남지 않게 돼요. 시간이 지나 다른 사람의 도움이나 조언이 필요할 때가 찾아온다고 해도 이미 곁에는 물어볼 사람이 아무도 없을 거예요. 있다고 해도 아무 말도 해 주지 않겠지요.

다른 사람의 목소리를 막다가 결국 아무도 말할 사람이 없는 외톨이가 되고 싶지 않다면 조심하도록 해요.

대신 이렇게 말해요

평생 투명인간처럼 무시를 당해도 상관없다면 써도 괜찮아요.

금단의  흑마법 ⑲

응응 · 네네

언제 쓰게 되나요?
- ★ 귀찮지만 일단 답은 해야 할 때 써요
- ★ 아는 척할 때도 써요

상대는 어떻게 생각할까요?
- ★ '건성으로 듣고 있네'
- ★ '무시하고 있네'

대충 넘기려다 크게 혼나는
건성건성 마법

이해는 안 되지만 아는 척하고 싶을 때나 대답하지 않으면 혼나니까 일단 대답은 해야겠다고 생각할 때, 입버릇처럼 "응응", "네네" 하고 건성으로 대답하고 있지는 않나요?

"응응, 알았어", "네네, 잘못했어요"

==이렇게 대답하면 여러분이 상대의 말을 한 귀로 듣고 한 귀로 흘리고 있다는 게 그대로 드러나요. 그래서 말한 사람은 매우 화가 나고 무시 당했다는 느낌이 들어 기분이 언짢아질 거예요.== 또, 대충 넘기고 싶다고 이렇게 반응하면 상대는 오히려 여러분의 의도와는 정반대로 같은 말을 여러 번 반복하거나 귀가 따갑게 주의를 줄 거예요.

건성건성 마법은 상대를 화나게 해서 오히려 나에게 화살이 돌아오는 결과를 낳는다는 것, 꼭 기억해요.

대신 이렇게 말해요

항상 상대를 똑바로 쳐다보며 진지하게 이야기를 듣도록 해요. 그러면 서로 감정 상할 일이 없답니다.

금단의  흑마법 20

귀찮아

언제 쓰게 되나요?
★ 아무것도 하고 싶지 않을 때 써요
★ 의욕이 없을 때도 써요

상대는 어떻게 생각할까요?
★ '의욕이 없네'
★ '같이 있어도 즐겁지가 않아'

할 수 있는 게 점점 없어지는
게으름 마법

내키지 않거나 하기 싫은 일을 해야 할 때, 빈둥대고 싶을 때, 습관적으로 "귀찮아"라고 말하고 있지는 않나요?

"싫어, 귀찮아", "왜 그렇게 귀찮은 걸 해야 돼?"

이 마법은 중독성이 강해서, 일단 한번 내뱉으면 버릇이 되어버리는 효과가 있답니다. "일찍 일어나는 거 귀찮아", "학교 가는 것도 귀찮아", "밥 먹는 것도 귀찮아"처럼 모든 일에 "귀찮아"가 붙게 돼요. 그러다 보면 전에는 즐겁게 잘 하던 일도 점점 귀찮고 재미없게 느껴질 거예요. 하나 둘씩 잘하는 일도, 즐거운 일도 줄어들겠지요?

"귀찮아"라고 내뱉는 건 쉬워요. 하지만 이 마법은 쓰면 쓸수록 내가 무언가를 해낼 수 있는 힘을 점점 빼앗아 가니 주의하세요!

대신 이렇게 말해요

귀찮아도 꾹 참고 "재미있겠다", "한번 해 볼게요"라고 말해 보세요.

금단의 흑마법 21

별거 아니네

언제 쓰게 되나요?
★ 내가 더 대단하다고 생각할 때 써요
★ 친구가 부러울 때도 써요

상대는 어떻게 생각할까요?
★ '열심히 했는데 기분 나빠'
★ '자기는 얼마나 대단하다고'

유치하고 자신 없는 사람이 되는
깎아내리기 마법

친구가 새로 산 물건을 자랑하거나 상을 받아서 부러울 때, 내가 친구보다 더 대단하다는 생각이 들 때, "별거 아니네" 하고 상대를 깎아내리는 말을 하지는 않나요?

"뭐야? 별거 아니네", "별것도 아니면서 잘난 척하지 마"

==이렇게 말하면 상대는 기분이 좋지 않을 거예요. 자신이 한 일이 별로라는 평가를 들은 것이나 마찬가지거든요. 뿌듯했던 마음이 순식간에 사라지겠죠.== 또, 주변 사람들은 '부러우니까 괜히 트집을 잡네'라고 생각해서 여러분에게 곱지 않은 시선을 보낼 거예요.

말 한마디로 남의 노력과 수고를 깎아내리는 이 마법은 상대의 기분을 상하게 할뿐만 아니라 결국 나에게도 부정적인 영향을 주니 쓰지 않는 게 좋답니다.

대신 이렇게 말해요

부족한 점을 먼저 보기보다는 좋은 점을 찾아내어 "대단하다", "멋져"라고 칭찬해 보세요.

금단의 흑마법 22

왜 ○○만

언제 쓰게 되나요?

★ 다른 사람이 부러울 때 써요
★ 친구가 질투날 때도 써요

상대는 어떻게 생각할까요?

★ '남을 너무 의식해'
★ '질투가 심해'

결국엔 내가 불행해지는
질투 마법

친구에게 좋은 일이 생겨 부럽거나 부모님이 형제자매에게 더 관심을 갖는 것 같아 샘이 날 때, "왜 ○○만?" 하고 질투하는 말을 하고 있지는 않나요?

"왜 동생만 예뻐해?", "왜 ○○만 운이 좋은 거야?"

==이렇게 다른 사람만 쳐다보며 나와 비교하면 나 자신은 보이지 않게 돼요. 맛있는 밥, 소중한 가족, 평화로운 일상 등 내가 가진 행복이 있음에도 불구하고, 그 소중함을 알지 못하고 매일 다른 사람만 부러워하게 되지요.==

게다가 주변 사람들은 그런 나를 보며 '쟤는 항상 비교만 하고 있네. 힘들겠다. 안됐다' 하고 안타깝게 생각할 뿐이에요. 결국 질투 마법은 쓰는 사람만 더 불쌍하고 불행해지는 마법이랍니다.

대신 이렇게 말해요

"부럽다. 나도 열심히 해야지"라고 대신 말하면 좋은 마음을 가지게 해 주는 마법으로 바뀐답니다.

금단의  흑마법 23

왜 저래

언제 쓰게 되나요?

★ 친구를 놀리고 싶을 때 써요
★ 다 같이 비웃고 싶을 때도 써요

상대는 어떻게 생각할까요?

★ '무안하다'
★ '다들 웃어서 창피해'

남 괴롭히기를 좋아하는 사람이 되는
지적 마법

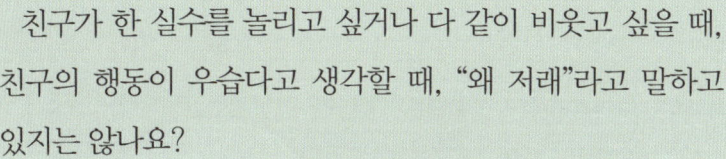

　친구가 한 실수를 놀리고 싶거나 다 같이 비웃고 싶을 때, 친구의 행동이 우습다고 생각할 때, "왜 저래"라고 말하고 있지는 않나요?
　"왜 저래?", "뭐 하냐?", "쟤 또 저러네"
　여러분이 이렇게 말하면 주변 사람들은 재미있어할지도 몰라요. 한바탕 웃음이 터져 나올 수도 있을 거예요. 하지만 여러분은 '재미있는 사람'이 아니라 '곤란한 친구를 괴롭히는 사람', '잘난 척하면서 남을 괴롭히는 사람'으로 비춰질 거예요. 실수한 사람은 당연히 창피하고 부끄러워지고요.
　남의 실수를 비웃는 지적 마법을 자주 외치면, 처음에는 옆에서 동조하던 친구들도 점점 같이 웃지 않게 될 수 있어요. 인기 있는 친구가 되고 싶다면 조심하세요.

대신 이렇게 말해요

"괜찮아?", "힘들었지?" 하고 감싸 주는 사람이 결국 인기 있는 사람이 된답니다.

금단의 흑마법 24

그건 네 생각이지

언제 쓰게 되나요?	상대는 어떻게 생각할까요?
★ 친구가 잘못 알고 있을 때 써요 ★ 내 생각이 맞다고 생각할 때도 써요	★ '창피해' ★ '너도 틀렸거든?'

어느새 비호감이 되어 버리는
따지기 마법

　상대가 앞뒤가 맞지 않는 말을 해서 답답할 때나 내 생각이 옳다고 생각할 때, 약 올리듯이 "그건 네 생각이지"라고 말하고 있지는 않나요?
　"그건 네 생각이고", "아냐, 내가 맞아"
　이런 말을 하면 내 기분은 좋을지 몰라도, 들은 상대는 당황하고 창피할 거예요. 자신의 생각이 거부 당했다는 느낌을 받아서 무안하고 속상할 거고요. 그래서 나중에 여러분이 말할 때 어떻게든 틀린 부분을 찾아내려고 할 수도 있어요. 그리고 주변 사람들도 여러분을 보고 '사사건건 시비만 거네', '잘난 척해서 싫어'라고 생각할 가능성이 커요.
　결국 이 따지기 마법은 그 순간의 자기만족일 뿐, 나에게 남는 것은 비호감이라는 이미지랍니다.

대신 이렇게 말해요

"그렇구나", "그럴 수도 있겠다" 하고 상대의 생각도 존중해 주세요. 그래야 내 생각도 존중 받을 수 있어요.

금단의  흑마법 25

엥? · 뭐래

언제 쓰게 되나요?
★ 상대의 말을 듣기 싫을 때 써요
★ 이해가 안될 때도 써요

상대는 어떻게 생각할까요?
★ '무안하다'
★ '싸우자는 거야?'

시비 거는 심술쟁이가 되는
찬물 끼얹기 마법

친구와 대화하다가 '나, 얘 싫어', '아까부터 뭐라는 거야?'라는 생각이 들 때, 일부러 "엥?", "뭐래"라고 말하고 있지는 않나요?

"엥?", "뭐래", "뭐라는 거야"

이런 말을 듣는 사람은 매우 기분이 나빠요. 무시 당하는 느낌이 바로 전해져서 무안하거든요. 마음이 맞지 않는 사람이나 별로 친해지고 싶지 않은 사람은 어디에나 있어요. 모든 사람이 여러분과 잘 맞을 수는 없으니까요. 그렇다고 해도 이런 마법을 써서 싸움을 걸기보다는, 차라리 그 사람과 거리를 두는 것이 좋답니다.

사이좋은 친구나 가까운 사람에게 이 마법을 장난처럼 쓰는 경우도 있어요. 하지만 자칫 잘못하면 상대의 기분을 상하게 하기 쉬운 말이니 조심하도록 해요!

대신 이렇게 말해요

이해가 잘 안 갈 때는 "미안, 다시 말해 줄래?"라고 물어보세요.

금단의 흑마법 26

너도 ~잖아

언제 쓰게 되나요?
★ 내 잘못이 아니라고 생각할 때 써요
★ 상대도 잘못했다고 생각할 때도 써요

상대는 어떻게 생각할까요?
★ '내 탓을 하네'
★ '핑계 대고 있네'

대화가 이어지지 않는
화살 돌리기 마법

다투다가 내 잘못이 아닌데 왜 화를 내는지 모르겠을 때, 상대가 더 나쁘다는 생각이 들 때, "너도 ~잖아"라는 말로 받아치고 있지는 않나요?

"아니, 너도 그러잖아", "너도 잘못했잖아"

이런 말을 들으면 상대는 자신에게 화살을 돌리는 태도에 실망할 거예요. 사과할 생각이 없어 보이고 무책임하게 느껴지거든요. 그래서 설사 여러분의 의견이 맞는 것이었어도 귀 기울여 듣지 않을 거고, 여러분은 점점 더 '불공평해', '왜 나한테만 그래?' 하는 생각에 속상해지지요.

"너도"라고 상대를 먼저 탓하는 이 마법은 상대의 귀를 닫게 해서 대화를 뚝 끊기게 하는 결과를 가져온답니다.

대신 이렇게 말해요

"미안해"라고 사과하고 여러분의 생각을 말하세요. 그다음에 상대의 생각을 물어보세요.

금단의 흑마법 ㉗

응, 아니야

언제 쓰게 되나요?

★ 상대 말에 동의하지 않을 때 써요
★ 반박하고 싶을 때도 써요

상대는 어떻게 생각할까요?

★ '기분 나빠'
★ '지금 내 말 안 듣고 있어'

차갑고 재미없는 사람이 되는
반사 마법

　상대의 말이 틀렸다고 생각하거나 상대의 이야기가 따분해서 흥미가 없을 때, 더 이상 듣고 싶지 않을 때, 상대의 말을 끊고 "응, 아니야"라고 말하고 있지는 않나요?
　"응, 아니야", "안 물어봤어"
　==상대는 이런 말을 들으면 '나를 싫어하나?', '내 이야기가 그렇게 별로인가?', '내 말을 무시하네' 하는 생각에 창피하기도 하고 속상하기도 할 거예요.== 여러분은 별 생각 없이 말했을지 모르지만, 상대는 '더 이상 말하고 싶지 않아'라는 뜻으로 받아들일 가능성이 커요.
　상대방의 의견을 곧바로 부정해서 돌려주는 반사 마법은 대화를 끝내버릴 뿐 아니라 관계도 끊는 효과도 있다는 것을 꼭 기억해요.

> **대신 이렇게 말해요**
>
> "그게 뭐야?", "잘 모르겠어"처럼 상대에게 설명이 필요하다는 의미를 담아 말해 보세요.

금단의 흑마법 28

어쩌라고

언제 쓰게 되나요?
★ 상대의 말대로 하고 싶지 않을 때 써요
★ 잔소리를 들었을 때도 써요

상대는 어떻게 생각할까요?
★ '유치해'
★ '대화하고 싶지 않아'

투덜대는 어린애처럼 보이는
짜증 마법

말싸움을 하다가 말문이 막힐 때나 부모님의 잔소리에 말대꾸를 하고 싶을 때, 할 말은 없는데 투덜대고 싶을 때, 짜증스럽게 "어쩌라고"라고 말하고 있지는 않나요?
"어쩌라고", "나보고 어쩌라고!"

이런 말을 들은 상대는 '제대로 말은 못하면서 투덜거리기만 하네', '어린애 같다'라는 인상을 받게 돼요. 또, 짜증의 기운이 옮아 상대도 기분이 가라앉게 되지요. 이 마법을 쓰면 마치 마음에 들지 않는 게 있을 때 바닥에 주저앉아 엉엉 우는 어린아이처럼, 제멋대로 떼쓰는 사람으로 보이기 쉬워요. 기분이 좋지 않더라도 내 생각을 정확히 말할 수 있어야 상대도 여러분을 존중하며 대화할 수 있답니다.

짜증이 날 때 '어쩌라고'로 일관하면 상대가 유치하다고 생각해서 피하게 된다는 것, 꼭 기억하세요.

대신 이렇게 말해요

짜증스러운 목소리 대신 차분하게 '지금은 기분이 좋지 않으니 나중에 다시 이야기하자'라고 말해 보세요.

이럴 줄 알았어

> 내가 이럴 줄 알았다니까.

언제 쓰게 되나요?
★ 친구가 실수했을 때 써요
★ 잘난 척하고 싶을 때도 써요

상대는 어떻게 생각할까요?
★ '이제 와서 알았던 척하네'
★ '잘난 척하네'

혼자 잘난 척하는 사람이 되는
투덜투덜 마법

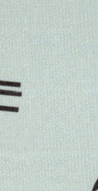

어떤 일의 결과가 좋지 않을 거라고 예상했는데 정말로 그렇게 되었을 때, '아휴, 내가 이럴 줄 알았다니까'라는 생각이 들 때, 무심코 "이럴 줄 알았어"라고 말하고 있지는 않나요? "내가 이럴 줄 알았어", "내가 말했잖아"

이미 엎지른 물이라 어쩔 수 없는 일에 대해 이렇게 말하는 순간, 주변 사람들은 여러분이 비겁한 사람이라는 느낌을 갖게 돼요. 설사 그게 맞는 말이라 해도 말이에요. 왜냐하면 이미 벌어진 일에 대해 당사자가 아닌 사람이 모든 걸 다 안다는 듯이 쉽게 말하는 것은 상대에게 큰 상처를 주는 행동이거든요.

나는 다 알고 있었다고 말하고 싶어서 입이 간질간질한 마음은 이해하지만, 꾹 참지 않으면 거만하고 잘난 척하는 사람으로 보이게 될 거예요.

대신 이렇게 말해요

"다음에는 이렇게 하면 더 잘될 것 같아"라고 내 생각을 부드럽게 전달해 보세요.

금단의 흑마법 30

나도 알거든?

언제 쓰게 되나요?
★ 여러 번 지적 받았을 때 써요
★ 듣기 싫은 말을 들었을 때도 써요

상대는 어떻게 생각할까요?
★ '알면 제대로 하든가'
★ '이제 안 가르쳐 줄 거야'

아는 척하는 바보로 보이는
우기기 마법

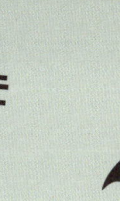

　부모님께서 내가 막 하려고 한 일을 빨리 하라고 하셔서 욱했을 때나 이미 알고 있는 내용을 상대가 가르쳐 주려고 해서 짜증이 날 때, 홧김에 "나도 알거든?"이라고 말하고 있지는 않나요?

　"나도 알거든?", "그딴 거 나도 알아"

　이런 말을 들은 상대는 '알면 제대로 하든가', '뭐야, 더 자세히 알려주려고 한 건데…'라고 생각할 거예요. 어쩌면 '진짜 아는 거 맞아?' 하고 여러분의 말을 의심할 수도 있어요. 사실 진짜로 알고 있는데도, '알거든?'이라고 우기듯 말하면 거짓말처럼 보이기 쉽거든요.

　욱해서 우기기 마법을 쓰면 잘 알지도 못하면서 아는 척하는 사람으로 보일 수 있다는 것, 알아 두기로 해요.

대신 이렇게 말해요

이미 알고 있어도 "알겠어!", "잘 알았어"라고 대답하는 게 좋답니다.

특별 보너스 수업

감정 표현 아이템 35

오! 여기까지 잘 따라와 줬구나.
마지막으로 특별 보너스 수업을 준비했다.
감정을 더 생생하게 표현하게 도와줄
<감정 표현 아이템> 35개다!
지금까지 배운 마법과 함께 쓰면 더욱 좋지.
잘 기억해 두었다가 재미있게 써 보도록!

1 가뿐하다
마음에 부담이 없이 가볍고 편안할 때

예 "사실대로 말하고 나니까 마음이 가뿐해졌어."

2 가슴이 벅차다
기쁨과 희망이 넘칠 듯이 가득한 느낌을 받을 때

예 "불꽃놀이를 보는데 가슴이 벅찰 정도로 아름다웠어."

3 긴가민가하다
그런지 그렇지 않은지 분명하지 않을 때

예 "아라가 써 준 편지를 어디에 뒀더라? 긴가민가하네."

4 날아갈 것 같다
몸이나 마음이 매우 가벼운 느낌일 때

예 "푹 자고 일어나니까 날아갈 것 같아!"

5 눈앞이 캄캄하다
어떻게 해야 할지를 몰라 아득할 때

예 "내년에 영어 학원 다닐 생각을 하니 눈앞이 캄캄해."

6 눈치 보이다

남의 마음과 태도를 살피게 될 때

(예) "어제는 엄마 눈치가 보여서 게임 못 했어."

7 담담하다

차분하고 평온할 때

(예) "발표하는 날이라 떨릴 줄 알았는데 생각보다 담담해."

8 두근두근하다

기대돼서 신나는 기분이 가라앉지 않을 때

(예) "드디어 내일 놀이공원간다! 두근두근해!"

9 뒤죽박죽되다

여러 생각이 마구 뒤섞여 엉망일 때

(예) "머릿속이 뒤죽박죽되어서 아무 생각도 안 나."

10 따분하다

재미가 없어 지루하고 답답할 때

(예) "하암~ 수학 시간은 항상 따분해."

11 뜨끔하다
마음에 큰 자극을 받았을 때

㈎ "아빠가 화난 것 같으면 잘못한 것도 없는데 괜히 뜨끔해."

12 막막하다
아득하고 막연할 때

㈎ "방 청소를 어디서부터 시작해야 하지? 막막하다."

13 머쓱하다
무안을 당하거나 흥이 꺾여서 어색할 때

㈎ "영민이가 말하다가 우니까 머쓱해서 아무 말도 못하겠더라."

14 무겁다
마음이 유쾌하지 않고 우울할 때

㈎ "어제 윤서랑 싸운 채로 헤어졌더니 마음이 무거워."

15 뭉클하다
슬픈 감정 때문에 가슴이 갑자기 꽉 차는 것처럼 느껴질 때

㈎ "할머니 댁에 갔더니 강아지가 달려오는데 가슴이 뭉클했어."

16 배가 아프다

다른 사람이 잘 되어서 심술이 날 때

(예) "아, 배 아파. 동하는 공부도 안 했는데 또 1등이야."

17 배꼽이 빠지다

배가 아플 정도로 웃길 때

(예) "아까 유튜브 보다가 배꼽이 빠지는 줄 알았어."

18 분하다

억울한 일을 당해서 화나거나 일이 잘 되지 않아 섭섭할 때

(예) "어제 시합에서 아깝게 져서 너무 분해."

19 뿌듯하다

기쁜 감정이 마음에 가득할 때

(예) "내가 그린 그림이 복도에 걸렸어. 정말 뿌듯해!"

20 서먹서먹하다

낯설어서 어색할 때

(예) "너희 왜 이렇게 서먹서먹해? 싸웠어?"

21 안절부절못하다
생각대로 되지 않아 불안한 마음이 계속될 때

(예) "왜 이렇게 안절부절못하고 돌아다녀?"

22 애가 타다
마음이 초조할 때

(예) "아무리 기다려도 답장이 안 와서 애가 탔어."

23 약 오르다
언짢거나 은근히 화가 날 때

(예) "우리 언니는 항상 놀리듯이 말해서 약 올라."

24 얼떨떨하다
뜻밖의 일로 당황할 때

(예) "상 받을 줄 몰랐는데 내가 받다니! 얼떨떨하다."

25 조마조마하다
어떻게 될지 위태위태해서 보고 있을 수 없을 때

(예) "이어달리기 응원하는데 우리 반이 질까봐 조마조마했어."

26 지긋지긋하다
몹시 싫고 괴로움을 느낄 때

(예) "그 이야기 너무 많이 들어서 지긋지긋하니까 그만해!"

27 짜릿하다
마음이 조금 흥분되고 떨릴 때

(예) "롤러코스터를 탈 때 짜릿한 느낌이 너무 좋아!"

28 찝찝하다
마음에 무엇인가 걸리는 느낌을 받을 때

(예) "아무래도 학교에 뭔가 두고 온 것 같아서 찝찝해."

29 찡하다
감동을 받아 가슴이 뻐근해지는 느낌을 받을 때

(예) "영화 마지막에 강아지가 달려올 때 가슴이 찡했어."

30 철렁하다
예상하지 못한 일에 놀라서 걱정될 때

(예) "교통 카드 놓고 온 줄 알고 순간 철렁했어."

31 쿵쿵거리다

심장이 빨리 뛰어 진정되지 않을 때

㉠ "아까 너무 놀라서 아직도 가슴이 쿵쿵거려."

32 풀이 죽다

기세가 꺾여 활발하지 못할 때

㉠ "오늘따라 풀이 죽어 있는 것 같네. 기분 안 좋아?"

33 화끈거리다

뜨거운 기운을 받아 달아오를 때

㉠ "짜증냈는데 알고 보니 내 실수더라. 얼굴이 화끈거렸어."

34 후련하다

답답하던 느낌이 사라져서 시원할 때

㉠ "아, 후련해. 드디어 시험 끝이다!"

35 힘이 빠지다

갑작스러운 일에 허무한 감정을 느낄 때

㉠ "갑자기 그렇게 약속을 취소하니까 힘이 빠져."

60개의 마법을 마스터한 여러분!

짝짝짝! 졸업을 축하합니다!

여러분은 이제 어엿한 '말의 마법사'예요.

앞으로도 배운 것을 항상 기억하며

내 마음을 말로 잘 표현해 보세요.

그러면 분명 가족, 친구, 그리고 만나는 모두와

즐거운 하루하루를 보내게 될 거예요!

행운을 빌어요!

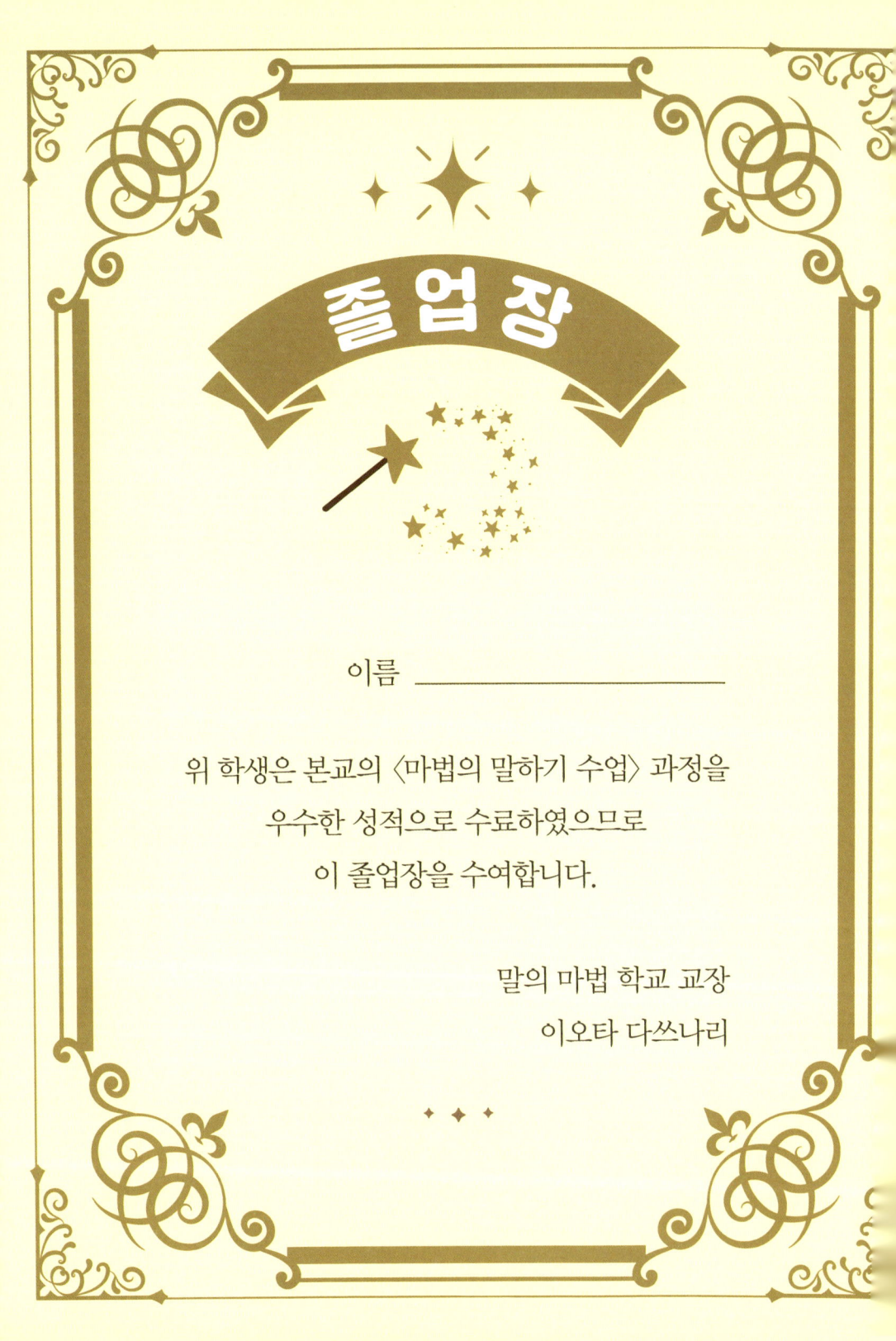

10歳までに身につけたい 自分の気持ちを上手に伝える ことばの魔法図鑑
10-SAI MADE NI MINITSUKETAI JIBUN NO KIMOCHI WO JOUZU NI TSUTAERU KOTOBA NO
MAHOUZUKAN Written by Tatsunari Iota
Copyright © 2023 by Tatsunari Iota
Original Japanese edition published by Discover 21, Inc., Tokyo, Japan
Korean edition is published by arrangement with Discover 21, Inc. through AMO Agency.

이 책의 한국어판 저작권은 AMO에이전시를 통해 저작권자와 독점 계약한 서사원에 있습니다.
저작권법에 의해 한국 내에서 보호를 받는 저작물이므로 무단 전재와 무단 복제를 금합니다.

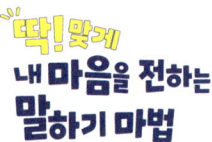

초판 1쇄 인쇄 2024년 5월 10일
초판 1쇄 발행 2024년 5월 20일

지은이 이오타 다쓰나리 **옮긴이** 윤지나

대표 장선희 **총괄** 이영철
책임편집 강교리 **기획위원** 김혜선 **기획편집** 이여진
디자인 양혜민, 최아영 **외주디자인** 이창욱
마케팅 최의범, 김현진, 김경률 **경영관리** 전선애

펴낸곳 서사원주니어 **출판등록** 제2023-000199호
주소 서울시 마포구 성암로330 DMC첨단산업센터 713호
전화 02-898-8778 **팩스** 02-6008-1673 **이메일** cr@seosawon.com
네이버포스트 post.naver.com/seosawon
페이스북 www.facebook.com/seosawon
인스타그램 www.instagram.com/seosawon

ⓒ 이오타 다쓰나리, 2024

ISBN 979-11-6822-274-8 73700

- 이 책은 저작권법에 따라 보호를 받는 저작물이므로 무단 전재와 무단 복제를 금지합니다.
- 이 책 내용의 전부 또는 일부를 이용하려면 반드시 저작권자와 서사원 주식회사의 서면 동의를 받아야 합니다.
- 잘못된 책은 구입하신 서점에서 바꿔드립니다.
- 책값은 뒤표지에 있습니다.

서사원은 독자 여러분의 책에 관한 아이디어와 원고 투고를 설레는 마음으로 기다리고 있습니다. 책으로 엮기를 원하는 아이디어가 있는 분은 이메일 cr@seosawon.com으로 간단한 개요와 취지, 연락처 등을 보내주세요. 고민을 멈추고 실행해보세요. 꿈이 이루어집니다.